日本経済の長期停滞をどう視るか

菊本義治

齋藤立滋

長島勝廣

林田秀樹

本田豊

松浦章

間宮賢一

山口雅生

著

桜井書店

はじめに

　「景気は，輸出を中心に弱さが続いているものの，緩やかに回復している」（2019年7月 月例経済報告）として，政府は，高水準の企業収益が，雇用や所得環境の改善を促していることを強調する。一方で，多くの人が景気回復の実感を持てず，暮らしのゆとりは厳しいままである。ここには，周期的な景気循環と，趨勢的な経済成長率低下の両面が混在する。すなわち，景気循環論からみると今は好況であっても，経済の趨勢的視点からは，今は不況なのである。長期不況はバブル崩壊後の1990年代に始まり，戦後最長の好況を記録している今においても，なお続いている。日本はなぜ長期不況から抜けられないのであろうか。

　本書のキーポイントは，長期不況，金融資本の肥大化と投機化，グローバル化経済の相互関連を明らかにすることであり，この問題意識は井村喜代子先生（慶應大学名誉教授）から学んだ。本書の第1章がこの点を論じている。とくに長期不況の特徴をマクロ経済の利潤の決定式（貯蓄投資バランス式）から理論的に説明し，企業の過剰貯蓄が金融市場を通じて，金融部門の肥大化および資産運用，海外投資（グローバル化）をもたらしていること，それが国内投資の停滞や長期不況の原因となっていることを統計数字も示しながら明確に論じている。世界的にも経済成長率の低下傾向が観測されているが，日本と同様に企業の過剰貯蓄にその原因が求められていることも論じられる。

　第2章以下の各章は，総論といえる第1章の補論・各論ともいうべきものである。第2章は長期不況について論じている。バブル崩壊後の企業の設備，雇用，債務の3つの過剰問題の解消が1990年代後半以降進み，現在も損益分岐点が低下傾向にあることを示している。またバブル崩壊は長期不況の原因ではあるが，国内需要の低迷や期待成長率の低下によって長期不況が続いていること，そしてその打開策が議論される。

　第3章は金融の肥大化と資産格差の拡大について論じている。これまで所得格差の分析は多いが，資産格差についてはあまり論じられていない。日銀の金

融緩和政策によって金融の肥大化が進みながら，低金利と低所得世帯の増加によって，家計の資産格差が拡大していることを論じている。また資産格差拡大に対する政策的対応についても議論される。

第4章は政府の「働き方改革」について，政府・経済界のヴィジョンと損保業界の事例をみながら，改革が効率化に偏重した方向に向かっていることが論じられる。また現在の長時間労働問題の解消に向けて，自発的長時間労働という考え方を検討しながら，労働時間規制の是非が正面から議論される。

第5章は1990年代後半から現在までの長期不況下における労働市場と所得分配について論じている。人件費削減圧力が強まり人件費比率が下落していくなかで，1990年代後半以降，中間層が減少し所得分布の低所得化が進行しながら，平均所得が低下し所得格差が広がったこと，また2007年以降は低所得化に歯止めがかかったものの，所得がほとんど増えていないことなどが論じられる。

第6章は「異次元金融緩和策」について，日銀が国家債務問題に強くコミットすることに本質があるという視点を示し，出口で生じる可能性のある金融システムの混乱や，日本の財政再建政策のあり方について論じている。とくに財政健全化を行う上で，税収の自然増のために名目GDPを増やすことが重要であり，それにはマイルドなインフレおよび貨幣賃金率の引き上げが必要であることなどが論じられる。

第7章は社会保障の現状・将来予測，税の在り方について論じている。少子高齢化，高齢世帯の単身化，生活保護の増加による社会保障費の増加に対して，税収をどう確保するべきかが論じられている。

第8章は経済のグローバル化について，日本企業の対外直接投資および間接投資の動向に焦点をあてて論じている。総額でどれほどの投資がどの地域に向けられているのか，国内投資に比べて海外投資がどれほどの規模なのか，投資が生んだ収益がどれほど日本に還流しているのかなどが明らかにされる。そしてグローバル化時代の企業行動の特徴を前提に，日本経済の今後の針路を考える上で大切にすべき点について言及している。

ひとそろいした原稿を一通り見て，不十分な点が多々あることを認めざるをえない。たとえば長期不況の原因が，技術進歩や労働供給との関係で論じられ

なかったことである。また深刻化する貿易摩擦についても別の機会に果たしたい。ともかく桜井書店から，本書を出版できたことを喜んでいる。桜井香さんに感謝申し上げる。緊縮財政と福祉の今後について合田寛氏のアドバイスに感謝申し上げる。

          2019年8月　菊本義治／山口雅生

目　次

はじめに　菊本義治／山口雅生　3

第1章　長期不況下における日本経済の特質と問題点 ……………… 菊本義治／山口雅生　11
1　長期不況……………………………………………………………… 11
2　金融部門の肥大化・自立化・技術化……………………………… 15
3　グローバリゼーション……………………………………………… 19
4　日本経済の特質と問題点…………………………………………… 21
5　長期不況と長期停滞論……………………………………………… 22

第2章　長期不況 ………………………………………………………… 間宮賢一　25
1　バブル経済崩壊と3つの過剰解消………………………………… 25
　1.1　バブル経済とその崩壊　25
　1.2　3つの過剰とその解消　26
　1.3　損益分岐点比率の低下　30
2　期待成長率の低下と内部留保の増加……………………………… 34
　2.1　長期不況の主因は需要低迷　35
　2.2　国内需要低迷　36
　2.3　期待成長率の低下　39
　2.4　内部留保の増加　42
3　アベノミクスと国民生活本位の不況対策………………………… 45
　3.1　金融緩和政策　45
　3.2　多様で柔軟な働き方と労働生産性　46
　3.3　国民生活を温める不況対策　48

第3章　金融部門の肥大化と資産格差の拡大 ………………………… 長島勝廣　53
1　金融部門の肥大化と資産格差の拡大……………………………… 53
　1.1　欧米における金融の肥大化と資産格差　53
　1.2　わが国の金融の肥大化と資産格差　55
2　資産格差の拡大について…………………………………………… 58
　2.1　欧米主要先進国の資産格差状況　58
　2.2　日本の資産格差状況　60

3　金融肥大化の市場における日本の資産運用主体の実態 ……………… 62
　　　3.1　企業部門（非金融部門）　63
　　　3.2　金融部門（投資主体等）　65
　　　3.3　家計部門　67
　　　3.4　貧富の差　71
　　4　資産格差の拡大について …………………………………………………… 72
　　　4.1　資産格差と経済成長の関係　73
　　　4.2　アベノミクスと資産格差の拡大　74
　　　4.3　資産格差拡大のデメリット　76
　　5　まとめ——資産格差社会の課題と対応 ……………………………………… 76
　　　コラム　貧富の格差は是正されるか　79

第4章　経済をも疲弊させるホワイトカラーの長時間労働 …… 松浦　章　81
　　　　——「働き方改革」で労働生産性の向上は可能か——

　　はじめに ………………………………………………………………………………… 81
　　1　「働き方改革」の目的 ……………………………………………………………… 82
　　2　経済界が考える「生産性」とは ………………………………………………… 84
　　3　損保業界の「働き方改革」から「生産性向上」を検証する ……………… 88
　　4　政府・財界の雇用・労働政策の歴史 ………………………………………… 90
　　5　日米政財界の悲願であった「働き方改革」 ………………………………… 92
　　6　長時間労働の「自発的」要因と「非自発的」要因 ………………………… 96
　　7　労働者は「自発的」に長時間働いているのか ……………………………… 98
　　8　労働者の立場からのコンプライアンス運動 ………………………………… 101
　　9　国際基準の労働ルール確立を ………………………………………………… 103
　　おわりに ………………………………………………………………………………… 106
　　　コラム　価値観が変わる　109

第5章　長期不況下における所得分配構造 ……………………… 山口雅生　111
　　はじめに ………………………………………………………………………………… 111
　　1　1980年代以降の労働市場 ……………………………………………………… 112
　　　1.1　非正規雇用の増加と企業の雇用戦略の転換　112
　　　1.2　コスト削減意識と賃金交渉力の低下，株主を重視する経営　115
　　2　マクロ経済の所得分配構造の変化 …………………………………………… 116
　　3　人件費削減競争と就業構造・所得分布の変化 ……………………………… 117
　　　3.1　自営業主　117
　　　3.2　雇用者の所得分布の変化　118

3.3　30～59歳男性雇用者の所得の変化　121
　4　世帯とその所得分布の変化 …………………………………………… 122
　5　長期不況と所得停滞 …………………………………………………… 127

第6章　異次元の金融緩和政策と財政再建 ………………… 本田　豊　129
　はじめに ………………………………………………………………………… 129
　1　異次元の金融緩和政策と金融抑圧政策 ……………………………… 129
　　1.1　異次元の金融緩和政策とは何か　129
　　1.2　異次元の金融緩和政策と国債管理政策　131
　　1.3　異次元の金融緩和政策と「出口問題」　132
　　1.4　「出口」で予想される金融・財政の混乱　134
　2　異次元の金融緩和政策と財政再建へのコミット …………………… 136
　　2.1　財政再建のこれまでの経過　136
　　2.2　「成長実現ケース」の考察　137
　　2.3　「ベースラインケース」の考察　140
　3　これからの財政再建策の基本的方向性 ……………………………… 143
　　3.1　財政健全化に不可欠な貨幣賃金率の上昇　143
　　3.2　税制の改革　146
　　3.3　一般会計の歳出削減は好ましくない　149

第7章　社会保障と財政再建 ……………………………… 齋藤立滋　151
　はじめに ………………………………………………………………………… 151
　1　社会保障の現状と将来予測 …………………………………………… 151
　2　社会保障がより重要となる4つの現象 ……………………………… 153
　3　雇用保障，生活保障を下支えし，税収を増やす …………………… 160
　　コラム　消費税と社会保障　162

第8章　日本経済のグローバル化 ………………………… 林田秀樹　163
　　──対外直接・間接投資の動向の検討──
　はじめに ………………………………………………………………………… 163
　1　対外直接投資総額の長期的動向 ……………………………………… 164
　　1.1　フローと「収益の再投資」の変動　164
　　1.2　ストックと「再投資収益」の変動　167
　2　地域別対外直接・間接投資額の長期的動向とグローバル化 ……… 170
　　2.1　地域別対外直接投資および同収益の変動　170
　　2.2　地域別対外間接投資および同収益の変動　174
　3　産業部門別・地域別対外直接投資残高および同収益の動向 ……… 177

 3.1 産業部門別・地域別対外直接投資残高の動向 177
 3.2 対外直接投資残高の産業部門ごとの地域別構成比の動向 181
 3.3 地域別・産業部門別対外直接投資収益の動向 183
むすびにかえて……………………………………………………………186
 コラム　東南アジアの田舎にみる日本経済のグローバル化 188

第1章　長期不況下における日本経済の特質と問題点

菊本義治／山口雅生

　かつて日本はモノづくりの強みを生かした製造業が経済を主導し，技術を進歩させながら着実な経済成長を実現し，良好な経済パフォーマンスが世界から注目を浴びた。しかし1990年代以降，バブル経済の崩壊とともに，経済成長率は低下し，長期不況に陥っている。実際1980年代の実質経済成長率の年あたり平均は4.5%（1980-1990年）だったが，1990年代以降は0.9%（1991-2017年）にとどまっている。戦後最長の景気拡大（2012年12月以降）を記録しているにもかかわらず，多くの人々は景気拡大を実感していない。

　ここには，景気循環という周期的な循環と，長期的な経済成長率低下というトレンド（長期不況）の両面が混在している。設備投資や稼働率の上昇など景気循環過程でみられる通常の経済現象が生じているものの，経済成長率の停滞した状況（長期不況）を脱するまでには至っていないのである。

　日本はなぜ長期不況（長期停滞）から抜けられないのだろうか[1]。第1章では企業の過剰貯蓄を軸に日本経済の特質と問題点を述べる。

1　長期不況

　1990年代末から日本は長期不況期に入る。すなわち設備投資が低下し，したがって成長も低下する（表1.1に実質経済成長率も載せておく）。それ以降，経済は本格的に回復することなく長期不況が続いている。不況になると利潤（貯蓄）は低下するのが通常だが，1990年代以降の長期不況においては，高度

　1）　本章では実質経済成長率が停滞している状況を長期不況と呼んでいるが，最近の欧米の研究ではこれをSecular stagnationと呼んでいる。この日本語の訳語は長期停滞とされているものが多い。もともとは1938年のアメリカ経済学会会長講演でハンセンが人口成長率の低下がもたらす設備投資停滞や経済成長率の低下を，Secular stagnationと呼んで議論した。

表 1.1　利潤率の推移

	68 SNA					93 SNA (2000年基準)			
	1956-1959	1960-1965	1966-1973	1974-1980	1981-1985	1981-1985	1986-1991	1992-1997	1998-2007
企業利潤率	10.3	14.1	17.1	10.2	11.4	12.8	13.6	14.6	19.6
家計貯蓄率	12.8	13.2	14.2	19.3	15.9	15.5	12.8	12.1	7.7
企業投資率	19.2	24.2	24.8	17.0	16.2	16.7	21.5	15.8	14.6
家計投資率	5.1	5.2	6.2	9.2	6.5	6.2	3.5	5.9	3.9
財政赤字率	−0.8	−1.3	−0.7	3.5	2.8	3.3	−0.6	3.2	6.4
純輸出率	0.0	−0.1	1.4	0.2	1.9	1.8	2.2	1.6	1.4
海外からの純要素所得率	−0.1	−0.3	−0.3	−0.1	0.0	0.0	0.4	0.8	1.6
誤差	−0.3	−0.4	0.0	−0.2	−0.1	0.3	−0.4	−0.5	−0.7
平均実質経済成長率	7.81	9.20	13.41	4.17	3.42	3.09	3.98	0.72	1.77

出所：国民経済計算確報より作成。
注：1955年から1985年までの計算には68 SNAを，1981年から2007年までの計算には93 SNA (2000年基準) を，には93 SNA (2005年基準) を用いている。1981年から1985年は68 SNAと93 SNA (2000年基準) の両方を，(2000年基準) と2008 SNA (2011年基準) の両方を用いて計算している。それぞれの系列は，GNI (国民総所る。たとえば，企業利潤率は非金融および金融法人貯蓄をGNIで割ったものである。

図 1.1　部門別の資金過不足の推移

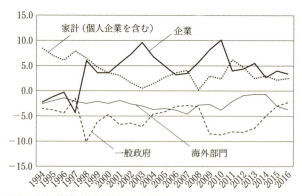

出所：国民経済計算確報 (2008 SNA) より作成。
注：各系列は各部門の資金過不足をGDPでデフレートしたものである。企業は非金融法人と金融法人の合計，政府は一般政府と対家計民間非営利団体の合計である。

経済成長期よりも利潤は高水準である (表1.1)。

利潤の決定式は

$$S_f = I_f + I_h - S_h + D + B \tag{1}$$

（単位：%）

2008 SNA（2011年基準）		
1998-2007	2008-2012	2013-2017
21.2	21.7	21.1
7.9	6.6	4.8
15.5	14.9	15.6
4.4	3.0	3.4
6.0	7.9	4.4
1.5	0.1	-0.6
1.4	2.3	3.1
0.2	0.1	0.0
1.28	-0.02	1.03

1998年から2014年までの計算
1998年から2007年は93 SNA
（得）でデフレートしたものであ

で示される[2]。S_f は企業貯蓄（利潤），S_h は家計貯蓄，I_f は企業の設備投資と在庫投資，I_h は家計の住宅投資，D は財政赤字，B は経常収支黒字である。表1.1は（1）の両辺を GNI（国民総所得）でデフレートして推計したものである。（1）式が示すとおり 1990 年代以降の長期不況においては，設備投資 I_f や住宅投資 I_h が低くても，家計貯蓄 S_h が低くなれば高い利潤がもたらされる。

（1）式に式の操作を加えると，

$$S_f - I_f + S_h - I_h = D + B \quad (1')$$

となる。利潤は高いが投資は低いので，$(S_f - I_f)$ は高水準になる。この式を金融面からみると，$(S_f - I_f)$ は企業における資金余剰，$(S_h - I_h)$ は家計における資金余剰である。

つまりこの左辺の資金余剰が，右辺の政府の財政赤字を賄うための資金需要と海外への投資に等しくなる[3]。つまり国債買い入れ D と対外投資 B に向けられる。

（1'）式の両辺に民間部門相互間の金融商品・金融取引を加えると，金融商品需要＝供給となる。商品需給均衡式（1）は，金融商品の需給均衡式でもある。つまり（1）式を商品需給均衡式としてみた場合に，投資と家計貯蓄の停滞および高い企業利潤という経済構造が，（1'）のように金融市場の資金の動きとして現われる。

図1.1は（1'）式を図に示したものである。表1.1の利潤率と企業投資率との差をみると，企業は 1997 年までは投資＞貯蓄（利潤），1998 年以降，貯蓄（利潤）＞投資となっていた。それが企業の資金不足（1997 年まで）と資金余剰

---

2) （1）式は，商品の需給均衡式と貯蓄の定義式から導き出されているもので，菊本義治ほか（2011）『グローバル化経済の構図と矛盾』第1章にその導出が示されている。

3) 貿易収支黒字によって，海外から受け取る売上代金が海外に支払う購入代金を上回ると，その資金は，海外の金融資産や実物資産に投資する原資となる。

表 1.2　非金融法人と金融機関の資産残高の推移

		1. 貨幣用金・SDR等	2. 現金・預金	うち日銀預け金	3. 貸出	4. 債務証券	5. 持分・投資信託受益証券	6. 保険・年金・定型保証
非金融法人資産残高	1996	0.0	168.3	0.0	34.2	22.0	148.9	1.9
	2006	0.0	186.1	0.0	45.2	33.5	278.1	2.3
	2016	0.0	267.8	0.0	50.4	29.4	301.7	2.2
金融機関資産残高	1996	0.0	182.8	3.7	1,547.3	480.9	160.6	40.3
	2006	1.8	173.8	11.7	1,367.5	806.2	280.5	27.1
	2016	3.3	566.9	342.8	1,341.1	1,119.4	277.2	28.3

出所：内閣府国民経済計算確報（2008 SNA）より作成。

（1998年以降）として現われている。この1998年以降の企業の過剰貯蓄（利潤率の増加）は，（1）式のとおり急激に低下した家計貯蓄率に影響されており（表1.1），その要因は雇用者報酬の低下にある。このような1998年以降の企業の資金余剰が持続している状態は，これまでの景気循環過程ではみられないもので長期不況の本質的な要因である。

　企業と家計が資金余剰である一方，政府と海外部門は資金不足である（図1.1）。すなわち企業と家計で生じた資金の余剰が，金融機関を介しながら国債買い入れ（政府の資金不足）と海外への投資（海外の資金不足）に向かっている。この点に関して企業の資産保有を表1.2で確認しよう。上段の非金融法人（企業）の現金・預金残高は1996年から2016年にかけて168.3兆円，186.1兆円，267.8兆円と約100兆円増加した。また海外直接投資残高は同期間に22.5兆円，46.0兆円，131.2兆円と20年の間に約109兆円増加した。非金融法人の保有する株式も148.9兆円，278.1兆円，301.7兆円と20年の間に約152兆円増加した。表には掲載していないが，非金融法人は2000年代半ばごろまでは余剰資金を借金の返済にも充てた。たとえば非金融法人の借入残高（国民経済計算ストック統計）は1996年から2016年にかけて10年ごとに，619.4兆円，469.3兆円，466兆円と減少した[4]。

　4）　政府関係機関債残高は同期間に61.7兆円，7.5兆円，3.9兆円となっており，公企業の借金も大きく減少したとみられる。

(単位：兆円)

7.金融派生商品	8.その他の金融資産			9.合計
		うち直接投資	うち証券投資	
—	382.6	22.5	23.6	757.9
1.5	399.5	46.0	24.3	946.3
2.8	499.0	131.2	34.0	1,153.4
—	407.5	8.3	77.0	2,819.5
19.2	393.1	10.4	211.9	3,069.2
72.7	500.7	30.1	326.1	3,909.5

2　金融部門の肥大化・自立化・技術化

　資本主義経済の停滞と金融化は，産業資本，貸付資本，投機資本の運動から説明できる。産業資本は労働者を雇用し付加価値と剰余価値を生産し，それを販売して利潤を取得する。その運動は資金投入→雇用生産→販売→資本回収と利潤獲得となる生産→販売であり，K.マルクスはこの過程を「命がけの飛躍」と呼んでいる。需要には投資需要と消費需要がある。投資需要は企業家自ら生産物を購入すればよいから，旺盛な投資意欲があれば，需要不足になることはない。他方，消費需要の主要な主体者は国民労働者であり，その資金は賃金である。資本，利潤を増やそうと賃金を切り下げると消費不足になる。消費は資本にとってコントロールできない大きな制約である。ここから，マルクスは恐慌の究極的な原因は消費にあること，「生産と消費の矛盾」を重視した[5]。消費の停滞が持続すると予測されれば企業の設備投資は停滞する。

　金融の基本は貸付である。すなわち資金を企業に貸し付け，企業が得た利潤

---

5) 生産と消費のギャップが大きくなっても投資需要がその差額を埋めることができるならば，需要不足は顕在しない。投資，したがって生産財の需要によって景気を維持し続けることができると主張したのは，ツガン-バラノフスキーであった。長期不況は消費不足の事態であるから，生産財部門の拡大による景気維持が必要であるが，それは困難となる。

の一部を利子などで獲得することが,金融部門の元来の姿(貸付資本)であり,その限りで生産部門と金融部門はバランスがとれていたのである。ところが,長期不況になり,企業の投資は停滞する。企業は資金の借方から,貸方に変わる。生産部門で獲得された利潤は,設備投資としてではなく,金融部門に回される(表1.2)[6]。金融部門と生産部門のバランスのくずれによって,金融部門の自立化と肥大化が促進されるのである。長期不況においては金利が下がるために,金融部門に集められた資金の一部は,高い金利を求めて貸付資本から投機資本に転じる[7]。すなわち金融商品の売買の差,キャピタルゲインの獲得を目標にするようになり,いっそう生産部門の停滞が生じる。

金融機関の保有する投機的資金をデータから確認しよう。表1.2下段の投資信託を含む株式資産残高(持分・投資信託受益証券)を1996年と2016年を比較してみると,160.6兆円から277.2兆円(＋116.6兆円)と大きく増加した。一方で,カネ余りで金利が低くても安定的な金利収入を得ようと,安全資産の保有も増えた。債務証券は480.9兆円から1119.4兆円(＋638.5兆円)となり,とくに国債保有が急増した[8]。

長期不況期には企業の設備投資意欲が弱く企業の資金調達の必要性を低下させるため,金融部門から企業への貸出が減少する。表1.2下欄の金融機関の企業への貸出をみると1996年から2016年にかけて1547.3兆円から1341.1兆円(－206.2兆円)と減少した。

企業と家計の余剰資金は,外国投資,すなわち外国証券の購入(証券投資)や直接投資に向けられることはすでに述べた。この背景には国内投資機会が少なく,国内利潤よりも外国利潤の方が高く,また日本銀行の事実上のゼロ金利

---

[6] 表1.2上段の非金融法人企業の現金・預金残高をみると,1996年から2016年にかけて10年ごとに168.3兆円→186.1兆円→267.1兆円と増加した。企業や家計からの預金は金融機関の負債残高としてカウントされる。その現金と流動性預金を合算した残高は,1996年から10年ごとに217.7兆円,519.5兆円,763.0兆円と大きく増加した。

[7] 投機資本について宇都宮(2018)が論じている。

[8] 債務証券のうち,国債・財投債残高は,1996年から10年ごとに233.2兆円,523.6兆円,837.4兆円となっている。

図1.2 日本のGDPに占める対外資産，対外負債の割合

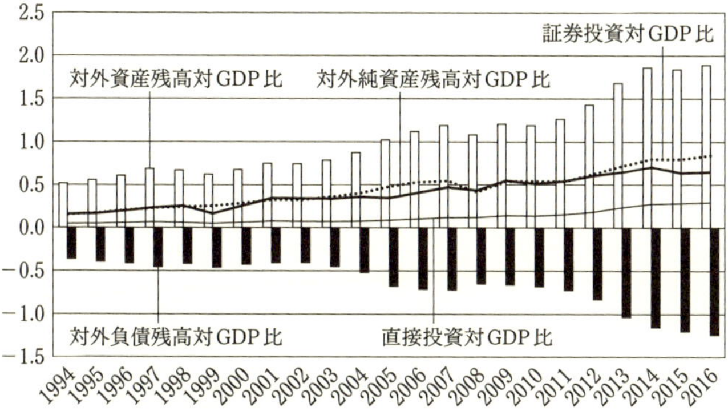

出所：内閣府国民経済計算確報（2008 SNA）より作成。
注：対外負債は海外からの資金の流入を意味するので，マイナスとして記帳される。

政策で国内金利が外国金利より低いからである。金融機関が保有する海外への証券投資は1996年から2016年にかけて77.0兆円から326.1兆円（＋249.1兆円）と大きく増加した[9]。その結果，経済全体の対外負債から対外資産を引いた対外純資産額も増加した（図1.2）[10]。

そもそも金融の肥大化は，アメリカでの製造業から金融業への産業構造の変化によって生じ，それは技術進歩によって進展した。情報技術の発展やコンピューターの計算能力の向上は，世界市場をつなぐオンラインの金融取引を活発化させ，金融市場を空間的にも時間的にも拡張させた。とりわけインターネットによる金融資産の電子取引の普及は，金融機関の振替のコスト低下と注文処

---

[9] 金融機関資産残高のうち，証券投資の増加が顕著であるにもかかわらずその他の金融資産・負債の変化が1996年から2006年に変化が小さかったのは，財政融資資金預託金が239.2兆から55.7兆円と大きく減少したためである。この預託金には公的金融機関からの財政投融資の原資となっていたものが含まれており，郵貯の民営化にともなう，財投債残高の増加と関係があるものと推測される。

[10] 近年，直接投資と証券投資から得られる投資収益の受取額が増加し所得収支（第1次所得収支）の黒字が大きくなっており，それが日本の経常収支黒字の主な要因となっている。つまり投資収益などによる海外からの受取金額がその他の支払金額を超過し続けており，それが海外で運用される資金として海外直接投資と証券投資残高の増加にもつながっている。

図 1.3 アメリカの経常収支赤字と資本流出および資本流入

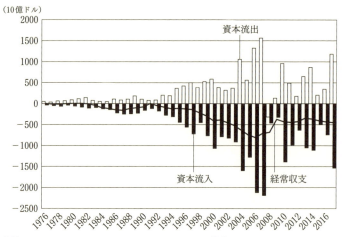

出所：U. S. Net International transactions, BEA statistics より作成。

図 1.4 アメリカの GDP に占める対外資産，対外負債の割合

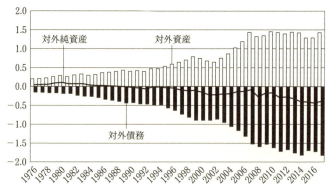

出所：U. S. Net International Investment Position at the End of the Period, BEA より作成。
注：対外純資産がマイナスということは対外純債務が存在するということである。

理能力の向上をもたらした。コンピューターの計算能力の向上は，金融商品のさまざまなリスクを推定可能なものにし，金融商品の開発や普及に貢献した。とくに，デリバティブや，証券化という新たな金融商品を生み出した。肥大化した資金の運用先が技術化によって拡大した[11]。これにともない 1980 年代以降，アメリカに世界の資金が集まり，アメリカでの資産運用が活発化している。

図1.3で示されているようにアメリカでは資本流出よりも資本流入が大きく，2017年の資本流入額は1.5兆ドルに達し，リーマンショック前のピーク水準（2.2兆ドル）に近づいている。

　欧州と日本が不況から脱せないまま金融緩和が続けられるなかで，アメリカFRBがいち早く2015年12月から政策金利を引き上げた。2018年12月現在2.5％を超える水準となった。金利が上昇していくなかで，アメリカに資金が集まっている。2015年以降，毎年の負債残高対GDP比は，1.70，1.73，1.82と増加している（図1.4）。現在，アメリカの株価（ダウ工業株）は史上最高値を2019年7月（約2万7298ドル）に記録するも，半年前には2万3000ドルを割り込んでおり，株価の変動がかつてなく大きくなっている。まさにアメリカは世界から多くのマネーを呼び寄せ，投機的な市場と化している。

3　グローバリゼーション[12]

　国内の経済が停滞するなかで，企業は国外での事業展開を強化し，財・サービスの生産・販売を拡大している。多国籍企業は，一連の工程，すなわち資金調達，生産（労働，資源・原料調達，研究開発，技術・生産管理など），販売（アフターサービス），法務・経理，資金回収，税支払いという企業内分業を世界的に展開している。つまり資金調達コストが安くなるところで資金を集め，低賃金労働を利用し，資源豊富な地域で資源を確保し，環境などの生産制約が少ないところで生産し，知識労働者が集まるところで研究所を設置し，大きな市場を持つ国や地域で販売を行い，税率が低いところに本社を置こうとする。

　戦前においては，企業の利益を擁護する国家が外国に進出し，相手国の政治経済的独立を踏みにじって植民地的経営を行った。外国に進出した企業は，外国で獲得した利潤を基本的に本国に送還した。外国企業の進出が単純に受入国

---

11)　井村・北原（2016）は，預金にもとづかない，新しい信用創出メカニズムが証券化という技術によって可能となったことを説明している。

12)　グローバリゼーションについて，菊本ほか（2011）第1章に特徴が整理されている。

図1.5 日本の直接投資（世界，地域別）推移

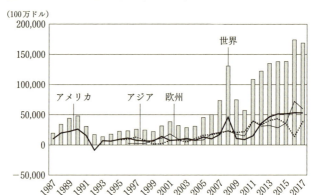

出所：JETRO 直接投資統計より作成。
注：元データは財務省国際収支状況 1995年は円建てで公表された数値を半期ごと，1996年以降は四半期ごとに日銀インターバンク・期中平均レートによりドル換算されている。

の経済発展に寄与するとはかぎらなかった。しかし人権を踏みにじるような植民地的支配は，途上国の独立運動や権利意識が広がるなかで，断じて許されるものではなくなった。そして貿易や投資のルールが確立されるなかで法に基づく秩序が確立され，多国籍企業が海外展開しやすくなった。そこでは，外国で得た利潤は，市場の成長を見込んで投資国に再投資されることが多い。したがって多国籍企業の対外投資が受入国の経済を成長させる。しかし利潤を受入国に再投資するのは，高利潤を得ることができるからであって，他に有利な地域があれば，そこに投資をシフトする。

図1.5は毎年の日本の対外直接投資額（フロー）を示したものである。1990年代以降，景気が低迷するなかで日本企業は国内への投資を減らし，海外直接投資を徐々に増やし，生産を海外で拡大した。さらに2000年代には海外直接投資が大きく跳ね上がった。リーマンショック後に停滞したが，2011年以降は2000年代前半の2倍から3倍もの金額が海外直接投資に投じられている。既述のように，国内市場が停滞するもとで，海外での製品販売量の拡大と安い労働力の活用によって，生産と販売の場が国外に求められるようになり，海外直接投資を活発化させて，国内市場規模を越えて企業が巨大化して活動している。

4　日本経済の特質と問題点

　日本経済の特質をまとめよう。①不況であるが，高利潤である。②高利潤がために，資金が余剰となっている。③その資金が，国債買い入れと対外投資に向けられている。④国内設備投資比率が低く，需要不足とデフレ傾向を生み出す。⑤デフレ傾向を脱却するべく，中央銀行は金融を緩和してきた。物価上昇率が2％以上になるまで量的緩和を続けることを宣言し，人々の期待インフレ率を高めようとしたが，インフレ率は上がらず，民間金融機関の日銀当座預金残高は積み上がるばかりである。⑥金融緩和は余剰資金の新規貸出需要が低迷している状態でも続けられており，結果としてその資金の一部が投機資金として資産売買に使用されている。⑦投機資金は，株式市場の活況を生み出すも，なんらかのショックが起これば，株価が急落するという脆弱性が存在する。⑧国内金利が低いがために，余剰資金は運用先に困って，海外の運用を行おうとする。⑨為替レートが通貨安に振れながら，輸出主導（外国人観光客の増加を含む）の経済成長となっている。⑩しかしその果実は労働者への賃金上昇としては還元されないまま，企業貯蓄として蓄えられている。⑪この輸出主導型経済成長は，生産と消費の矛盾という側面を見えにくくさせているが，本質的には労働者への賃金支払い抑制と少子化による人口減による消費の頭打ちを引き起こす。それが期待成長率の低下を引き起こし設備投資の停滞を生じさせ，常態的な需要不足状態である長期不況を引き起こしている[13]。さらに人口の高齢化による社会保障問題，財政赤字問題という課題，人口減少の著しい地方経済の衰退問題も横たわる[14]。

---

13) Blanchard et al. (2017) は，将来の経済成長率の低下（潜在成長率の予測の下方修正）が，消費や投資など需要の停滞を引き起こしていることをデータを用いて示している。

14) 今後，少子化と人口減少によって GDP が 40 年後に 25％ 低下するという予想が IMF によって示されている（IMF 2018）。

5　長期不況と長期停滞論

　以上，1990年代以降の長期不況下の日本経済の特徴や問題点を企業の過剰貯蓄という観点を軸にみてきた。リーマンショック後のアメリカ経済や欧州経済においても，GDPや雇用の回復がこれまでの不況に比べて相当遅れており[15]，経済成長率が以前の回復期と比べて低くなっていることが問題となっている。Summers (2014) はアメリカが経済停滞 (Secular stagnation) に陥っていることを指摘し，その背景に，実質利子率の低落と過剰貯蓄を挙げている[16]。その根拠としてバブル崩壊にともなう貸付資金による投資の低迷，Hansen (1939) の指摘する人口増加率の低下による自然利子率の低落[17]，資本分配（利潤）の上昇と賃金分配の下落によって貯蓄が上昇していること[18]，資本財価格が相当に低下したことによって少ない金額での投資が実行されて投資率が下落したことを挙げている[19]。ゼロ金利という下限の存在と低インフレによって実質金利が低下したとしても，投資の停滞により完全雇用を実現するような投資水準が達成できなくなっているのである。Summersの長期停滞論は需要不足と貯蓄過剰に主眼を置いている点で，第1章で展開している議論と本質的に

---

[15]　Blecker (2016) は，不況前のGDPへの回復期間が，実質GDPでは15の四半期，雇用では25の四半期となっており，過去の景気変動と比較して長くなっていることを示している。

[16]　他にも，技術進歩率の低下，世界的な過剰貯蓄，資本財価格の低下によって，長期停滞が引き起こされるという議論がある。

[17]　ここで自然利子率とは，完全雇用を達成するような資金の需要と供給の均衡を保つ利子率のことである。低いインフレ率とゼロ金利制約のもとで，名目金利が下がらないとき実質利子率がマイナスとなり，投資が貯蓄に比べて不足する状況が生じる。Hein (2015) は，このような貯蓄と投資を均衡させる実質利子率の調整という考え方に対して，シュタインドル (Steindl) が提唱している不況論で，貯蓄が投資需要水準に調整されるという総需要制約の経済成長モデルを紹介している。そこでは潜在成長率は，需要側からなる実際の成長率に調整される。

[18]　Summers (2014) は，貯蓄性向の高い，上位1％の所得を得る人々のシェアの増加や利潤の増加によって，貯蓄が増えていることを指摘する。

は，類似のものであると言える[20]。

参考文献

井村喜代子・北原勇（2016）『大戦後資本主義の変質と展開——米国の世界経済戦略のもとで』有斐閣．

宇都宮勉（2018）「「投機資本」と経済格差の拡大」，『政経研究』政治経済研究所，112-125．

菊本義治・西山博幸・伊藤国彦・藤原忠毅・齋藤立滋・山口雅生・友野哲彦（2011）『グローバル化経済の構図と矛盾』桜井書店．

福田慎一（2018）『21世紀の長期停滞論』平凡社．

Acemoglu, Daron and Pscual Restrepo (2017) "Secular stagnation? The effect of aging on economic growth in the age of automation," *The American Economic Review: Papers & Proceedings*, 107(5), 174-179.

Blanchard, Olivier, Guido Lorenzoni, and Jean-Paul L'Huillier (2017) "Short-Run Effects of Lower Productivity Growth. A Twist on the Secular Stagnation Hypothesis," NBER Working Papers 23160, National Bureau of Economic Research.

Blecker, Robert A. (2016) "The US economy since the crisis: slow recovery and secular stagnation," http://fs2.american.edu/blecker/www/research/Blecker-stagnation-rev-Mar 2016.pdf

Eichengreen, Barry (2015) "Secular stagnation: The long view," *The American Economic Review*, 105(5), 66-70.

Hansen, Alvin. (1939) "Economic progress and declining population growth," *The American Economic Review, 29* (1), 1-15.

---

19) 長期停滞論について，Eichengreen (2015) は，歴史データを用いて，世界的な貯蓄率の増加傾向，資本価格の下落傾向などを確認し，貯蓄が投資よりも過剰になっていることが影響して実質金利が低下して，結果として経済成長の低下を引き起こしていることを議論している．長期停滞と人口の高齢化が関係していないことについて，Acemoglu and Restrepo (2017) は人口の高齢化が一人当たりGDP成長率と正の関係にあることを1990年から2015年までのクロスカントリーデータを用いた実証分析によって主張し，高齢化の進展によって産業用ロボットなどの自動技術（労働節約的技術）の採用が進んでいる可能性を指摘する．

20) 福田 (2018) は，長期停滞論を紹介しながら，日本の長期停滞について，需要不足や貯蓄超過や賃金の停滞の背後に少子高齢化と巨額の財政赤字という構造問題があることを指摘し，構造改革によって問題を解消させていくことで日本経済の悲観論を変えていくことを主張している．

Hein, Eckhard (2015) "Secular Stagnation or Stagnation Policy? Steindl after Summers," Levy Economics institute of Bard college working paper No. 846.

Summers, H. Lawrence (2014) "U. S. Economic prospects: Secular stagnation, Hysteresis, and the zero lower bound," *Business Economics*, Vol. 49, No. 2, 65-73.

IMF (2018) "Japan, 2018 Article IV consultation," IMF Country Report No. 18/333.

第2章　長期不況

間宮賢一

　バブル経済崩壊後，日本経済は長期不況の状態が続いている。「失われた10年」が「失われた20年」と言われ，さらに10年が経過しようとしているのである。どこにその原因があるのであろうか。バブル経済崩壊後，企業は雇用・設備・債務の3つの過剰を抱え込んだ。世界的大競争の時代を生き抜くためには，この3つの過剰の解消が急務とされた。企業がその解消に取り組み，2006年の『経済財政白書』で3つの過剰の解消が宣言された。雇用や設備の過剰を解消することは，消費需要や投資需要の停滞を意味する。個別企業の観点からは，企業体質強化のために雇用や設備の過剰の解消を図ったのであるが，それがマクロ経済からみると消費需要や投資需要の停滞を招き，長期不況といういわば「合成の誤謬」が生じているのである。労働者は伸び悩む賃金と将来不安のため「財布の紐」を緩めることができず，企業は国内需要の停滞のため，設備投資を抑制している。このため，企業には内部留保が蓄積されている。とりわけ大企業には巨額の内部留保が溜まっている。このような閉塞状況のなかで，国民生活を守ることこそが長期不況を打開する道であることを明らかにする。

1　バブル経済崩壊と3つの過剰解消

　1980年代央からバブル景気となったが，数年後にそれは崩壊した。以後，日本経済は不況の長いトンネルを抜け出せないままでいる。長期不況を考える出発点はバブル経済とその崩壊にある。

1.1　バブル経済とその崩壊

　1980年にアメリカ大統領に就任したレーガンはレーガノミックスと呼ばれる経済政策をとった。民間活力によるアメリカ経済の再生を図るため，小さな政府の実現を目指した。富裕層を中心とした大規模減税と財政支出の削減，規

制緩和などが実施されたが，冷戦構造のなかで強いアメリカが追求され，軍事支出が大幅に増加した。その結果は巨額の財政赤字である。巨額の財政赤字は金利の上昇をもたらし，高金利を求めてドル需要が増加したため，ドル高となった。ドル高はアメリカの輸入を激増させ，貿易収支の大幅な赤字がもたらされた。いわゆる「双子の赤字」である。1985年，貿易不均衡を解消するため先進5か国蔵相・中央銀行総裁会議で，協調介入によるドル高是正が合意された（プラザ合意）。その結果，1ドル＝240円前後であった為替レートは，1年後には1ドル＝120円台へと円高が急伸した。

　急激な円高は輸出需要を削減し，不況の契機となる。不況を回避するためには，内需を拡大しなければならない。そこで，実施されるのが財政・金融政策であるが，当時は現在とは比べものにはならないものの財政赤字が問題となっており，財政再建が課題となっていた。そのため，財政出動は見送られ，公定歩合を5％から2.5％へ引き下げる低金利政策がとられた。この低金利政策によって生み出された資金は，企業の設備投資で吸収され尽くすことはなかった。余った資金が土地や株式などの資産に，投機的な利益を求めて向かうこととなった。「東京23区の地価だけでアメリカ全土を購入できる」ほどに地価は高騰し，プラザ合意当時1万円強であった日経平均株価は，1989年末に3万9000円弱まで跳ね上がった。資産価格が実体経済から想定される水準を大幅に上回るバブル経済が現出した。バブル経済で問題となるのはインフレ懸念である。インフレ懸念が強まり，低金利政策を転換せざるをえなかった。公定歩合は6次にわたる引き上げで6％になり，不動産融資の伸び率を総貸出の伸び率以下に抑制する総量規制がとられたのである。その結果，1990年バブル経済は崩壊した。

1.2　3つの過剰とその解消

　表2.1はバブル期の経済成長と民間設備投資の状況を示している。経済成長率はバブル崩壊後のそれと比べるとはるかに高く，また民間設備投資の寄与度も高いことがわかる。設備投資に支えられた経済成長がバブル経済であった。企業は低利の外部資金を調達し，財テクとともに設備投資を拡大させた。設備投資は将来的に生産能力の追加となり，そのために必要な労働力も増加するこ

とになる。これが，バブル経済の崩壊により一気に吹き出した。3つの過剰，つまり雇用・設備・債務の過剰である。

バブル経済崩壊と時を同じくしてソ連邦や社会主義と言われた国々が次々に崩壊した。また，中国の「改革・開放」政策や発展途上国の経済力の向上などにより地球的規模での大競争時代が到来した。この大競争時代を生き抜くためには，3つの過剰は企業に重い

表2.1　バブル期の経済成長と民間設備投資
（単位：%）

年度	経済成長率	民間企業設備投資		
		伸び率	寄与度	寄与率
1985	4.8	14.7	1.9	39.0
1986	2.1	4.3	0.6	28.7
1987	5.5	7.1	1.0	18.5
1988	5.8	19.9	2.9	49.9
1989	4.0	10.7	1.8	44.0
1990	5.9	11.7	2.0	34.9

出所：内閣府「2009年度国民経済計算（2000年基準・93 SNA）」より作成。

負担となる。余剰人員や遊休設備が存在しても，企業は賃金や減価償却費を計上しなければならないし，設備投資や財テクのために調達した債務に対しては利息を支払わなければならないからである。これらの経費は，企業の売上げと連動することのない固定費である。大競争時代を生き抜くために，3つの過剰を解消し，固定費を削減することが企業にとっての至上命令となったのである。後述するように，固定費の削減は利潤を増加させる要因であるとともに，損益分岐点を引き下げることを意味するからである。損益分岐点を引き下げて，競争に強い企業体質をつくりあげることが求められたのである。2006年度の『経済財政白書』は2005年度に3つの過剰が解消されたと宣言した。以下では，バブル経済の前から，バブル経済とその崩壊，そして2005年度の3つの過剰解消宣言を経て，2017年度までの推移を概観することにしよう。

雇用・設備・債務の3つの過剰の推移を財務総合政策研究所の「法人企業統計」から確認しておこう。「法人企業統計」は，法人企業の活動実態を明らかにするために国内企業を資本金規模別や業種別に分類し，財務諸表の項目を集計した膨大なデータを公表しているものである。以下，「法人企業統計」のデータを多用するため，とくに出所を明示しない図表および数値はすべて「法人企業統計」から作成したものである。金融・保険業を除く全産業を対象に，資本金10億円以上の大企業と10億円未満の中小零細企業に分けて示すことにする。

図2.1は雇用の過剰とその解消状況を示している。大企業の従業員はバブル崩壊後，若干の増減ののち，2009年度に766.5万人でピークとなり，その後わ

図 2.1　雇用の推移（1980～2017年度）

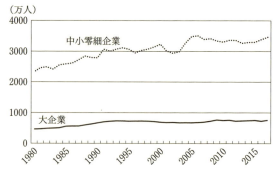

注：従業員数の推移。従業員数は常用者の期中平均人数と当期中の臨時従業員（総従事時間数を常用者の1ヵ月平均労働時間数で除したもの）との合計。

ずかながら減少している。中小零細企業の従業員数はバブル崩壊以降も増加し続け，2006年度に3506.6万人でピークとなり，その後わずかに減少している。このように従業員数でみるかぎり，雇用の過剰は解消していないように考えられる。しかし，ここで問題となるのは雇用の量的側面ではなく，その質的側面である。それは非正規雇用の激増という問題である。「法人企業統計」では，正規雇用と非正規雇用との区別がなされていない。総務庁の「労働力調査特別調査」によれば，1980年代から1995年あたりまで，雇用者に占める非正規雇用者の比率は20％台であった。その後，非正規雇用比率は増加の一途をたどり，2017年度には倍近くの37.5％に達している[1]。その契機となったのは，日本経営者団体連盟（日経連）が1995年に政策提言した「新時代の『日本的経営』」である。そこでは，労働者を長期蓄積能力活用型，高度専門能力活用型，雇用柔軟型の3つのグループに分け，雇用柔軟型の積極的活用を主張している。雇用柔軟型労働者とは有期雇用契約の労働者のことであり，低賃金，不安定雇用の非正規労働者のことである。正規労働者に替えて非正規労働者を雇用することにより総人件費の削減を企図しているのである。バブル崩壊後，定年退職者の補充人事が抑制され，新卒者の就職状況が氷河期，超氷河期と称された。バ

1）　総務省「労働力調査」による。

図 2.2 設備の推移（1980〜2017年度）

注：設備（ストック）の推移は土地を除く有形固定資産と2001年度以降はソフトウェアを含む。

図 2.3 債務の推移（1980〜2017年度）

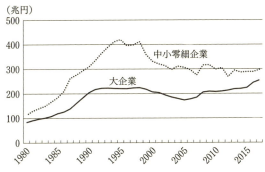

注：有利子負債残高の推移。有利子負債＝長期借入金＋短期借入金＋社債

ブル崩壊後の人件費の削減については，のちほど確認することにしよう。

　図2.2は設備の推移である。大企業の設備ストックはバブル崩壊後の1997年度まで増加し，その後2013年度まで減少し続けた。近年では上昇傾向を示しているが，バブル崩壊後の水準には至っていない。中小零細企業の設備ストックは1995年度まで増加し続け，その後2012年度まで減少し，近年では増加傾向を示している。バブル崩壊後，大企業，中小零細企業ともに設備の過剰の解消が進んだ。近年では若干の上昇傾向を示しているが，バブル期の水準には至っていない。

　図2.3は債務の推移である。大企業の債務残高は1998年度にバブル崩壊後

の最高額に達した後，200兆円前後の水準であったが，近年は増加傾向となっている。中小零細企業の債務残高は1995年度にバブル崩壊後の最高残高となった後，2000年代に入るまで急速に残高を減らし，300兆円前後の水準が保たれている。

1.3 損益分岐点比率の低下

雇用・設備・債務に対して発生する費用は，人件費，減価償却費そして支払利子である。これらの経費は売上高の水準とは無関係に発生する固定費である。3つの過剰の解消はこの固定費の削減を意味している。それでは，人件費，減価償却費，支払利子がどれだけ削減されたのか，確認しておこう。

大企業は人件費削減の動きを明確にしていることがわかる。バブル崩壊後，1997年度に54兆円となった従業員給付（＝従業員給与＋従業員賞与＋福利厚生費）は2005年度に48.5兆円まで減少し，その後50兆円前後で推移している。中小零細企業の人件費は2003年度に106.8兆円とバブル崩壊後最も低い水準となった後，若干増加し120兆円前後を推移していたが，近年では増加傾向を示している。

減価償却費の推移は，大企業が2004年度に25.6兆円でバブル崩壊後ピークをつけたが，その後減少傾向を示している。これは，さきにみたように過剰設備の解消が進んだことの反映である。中小零企業の減価償却費はバブル崩壊後20兆円を下回る水準で推移していたが近年では20兆円を超える水準で推移している。

支払利息の推移はより顕著な動きを示している。支払利息がバブル崩壊後ピークに達したのは，大企業，中小零細企業ともに1991年度で，それ以降一貫して減少傾向を示している。近年では，大企業がピーク時の20％程度，中小零細企業が15％程の水準となっている。これは，企業が債務の過剰を解消する行動をとったことと，バブル崩壊後の日本銀行の低金利政策によるものである。

以上みてきたように，3つの過剰を解消する企業行動の結果，固定費の削減が進んできたものと考えられる。ここで，固定費が売上高に占める比率の推移を確認しておこう。大企業の固定費比率は1993年度にバブル崩壊後最高水準

図 2.4　固定費の推移（大企業，1980～2017 年度）

図 2.5　固定費の推移（中小零細企業，1980～2017 年度）

図 2.6　固定費比率と営業利益率（大企業，1980～2017 年度）

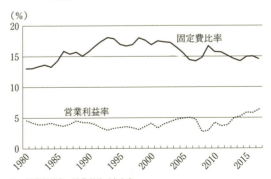

注：営業利益率＝営業利益／売上高
　　固定費比率＝固定費／売上高

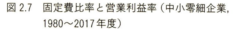

図 2.7　固定費比率と営業利益率（中小零細企業，1980〜2017年度）

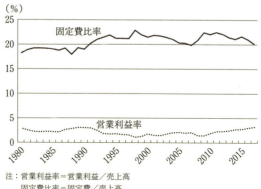

注：営業利益率＝営業利益／売上高
　　固定費比率＝固定費／売上高

（18.1％）となり，リーマンショックでの一時的高まりを経て傾向的に低下してきている。中小零細企業の固定費比率は1998年度に最高水準（22.9％）に達した後2007年度まで低下し，その後20％を若干上回る水準で推移している。

これらの図には，売上高に対する営業利益の比率，つまり営業利益率も示されている。これを見ると，傾向として固定費比率と営業利益率との逆行関係が読み取れる。大企業，中小零細企業の固定費比率が最高水準にまで上昇していく過程では，営業利益率がおおむね低下しており，その後の固定費比率が低下していく過程では，営業利益率が高まっている。つまり，固定費の削減が営業利益を増やすことに通じるのである。

次に固定費の削減が損益分岐点の引き下げにつながることを「法人企業統計」を用いて確認しておこう[2]。損益分岐点とは利益がゼロとなる売上高の水準のことである。売上高は固定費と変動費からなる総費用と，利益との和である。変動費が売上高に比例するものとし，その比率を変動費比率とすれば，損益分岐点売上高は

$$損益分岐点売上高 = \frac{固定費}{1-変動費比率}$$

---

[2]　損益分岐点については，企業分析研究会（2018）を参照のこと。

図 2.8　損益分岐点売上高

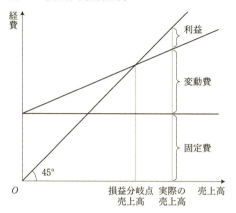

となる。これより，固定費の削減が損益分岐点の引き下げになることがわかる。また，図 2.8 からも，売上高と変動費比率に変化がなければ，固定費の削減が利益の増加と損益分岐点売上高の引き下げをもたらすことがわかる。さらにこの損益分岐点売上高が，実際の売上高に対する比率を損益分岐点比率として求めることができる。損益分岐点比率が低ければ低いほど，売上高の減少に耐えうる不況に強い企業となるのである。さきの式の両辺を売上高で割り，整理すれば，

$$損益分岐点比率 = \frac{1}{1+(営業利益／固定費)}$$

となる。これより，固定費に対する営業利益の割合が上昇すれば，損益分岐点比率は低下することがわかる。図 2.6 および図 2.7 で確認したように固定費比率が低下する過程では営業利益率が高まる傾向がみられた。したがって，その過程では損益分岐点比率が低下することになるのである。

「法人企業統計」のデータを用いて，大企業と中小零細企業の損益分岐点比率の推移を推計してみよう[3]。大企業の損益分岐点比率は 1993 年度に 85.9% でバブル崩壊後の最高点に達し，リーマンショックによる一時的な上昇はあるものの，傾向的に低下しており，2017 年度には 69.7% となっている。中小零細企業の損益分岐点比率も 1998 年度に最高値 95.4% に達した後，傾向的に 86.2% まで低下している。バブル崩壊後の 3 つの過剰解消により損益分岐点比

図 2.9 損益分岐点比率（1980～2017年度）

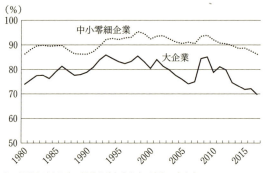

注：損益分岐点比率＝損益分岐点売上高／実際の売上高
　　固定費＝従業員給付＋減価償却費＋支払利息等＋動産・不動産賃借料

率は一貫して低下してきていることは明らかである。さらに，大企業の損益分岐点比率が中小零細企業のそれよりも大幅に低下しており，より強力に大企業で3つの過剰の解消が推進されており，それが近年でも追求され続けていると考えられる。

2　期待成長率の低下と内部留保の増加

前節では，バブル経済崩壊後に企業は3つの過剰を解消し，損益分岐点売上高の引き下げ，つまり企業体質の強化を図っており，それが現在も追求されていることを「法人企業統計」のデータから確認した。本節では，そのことがバ

3）　固定費には，人件費，減価償却費，支払利息等に加えて，動産・不動産の賃借料を加えている。ところで，雇用に関わる経費がすべて固定費となるわけではない。非正規雇用である派遣労働は派遣先企業が必要なときに必要なだけ派遣元企業から派遣を受ける。したがって，派遣労働の場合は原材料と同じく，売上高に連動する変動費と考えられる。この間，派遣労働も増加してきている（総務省「労働力調査」によれば，2017年度は137万人）。したがって，固定費である正規雇用を削減し，派遣を受け入れる場合には，固定費が減少し，変動費が増加することになり，損益分岐点売上高が若干変動することになる。「法人企業統計」には派遣労働に関するデータは存在しないため，人件費をすべて固定費として扱った。

ブル崩壊後の長期不況の原因になっていることを明らかにしよう。

2.1 長期不況の主因は需要低迷

バブル経済崩壊後の長期にわたる不況の主因は供給サイドにあるのであろうか。供給制約が原因で，経済が不況に陥る際には通常インフレが発生する。たとえば，1973年の石油ショックがそれである。1973年秋，第4次中東戦争を契機に原油価格が急騰した。それまで1バレル3ドルほどであった原油価格は石油輸出国機構OPEC諸国により12ドル弱まで引き上げられた。それにより，エネルギー価格の急騰がもたらされ，生産が大幅に落ち込み，1974年日本経済は戦後初のマイナス成長となった。同時に，物価は急騰し，スタグフレーションが発生した。このように，供給制約が主因となって経済が不況に陥る際には，物価が上昇することになる。ところが，バブル崩壊後の日本経済はインフレどころか，デフレ状態が続いている。図2.10は消費者物価指数の対前年度比の推移を示している。消費税率が3％から5％へ引き上げられた1997年度，5％から8％へ引き上げられた2014年度と，原油や穀物などの一時的な資源価格高騰による消費者物価が上昇した2008年度を除けば，日本経済がバブル経済崩壊後インフレ状態にあるとは言えない。

バブル経済崩壊後の長期不況の原因は需要の停滞にある。3つの過剰の解消

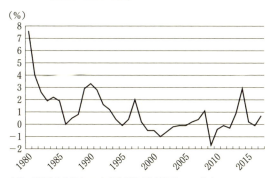

図 2.10 消費者物価指数の対前年度比の推移
（1980〜2017年度）

出所：総務省統計局「2015年基準消費者物価指数」より作成。
注：持ち家を除く総合指数。

に血眼になるあまり，国内の主要な需要，つまり消費需要と設備投資需要がこの間停滞し続けていることが，長期不況の元凶であると考えられる。個別企業にとっては，バブル崩壊と地球的規模での大競争時代を生き抜くために，雇用・設備・債務の3つの過剰を解消し，損益分岐点を引き下げることが喫緊の課題となった。ミクロ的には合理的であったと考えられたが，マクロ経済の観点からすれば，企業がこぞって固定費の削減を行うことが，消費需要そして設備投資需要の停滞をもたらし，不況圧力を強めることとなったのである。いわば「合成の誤謬」が生じたのである。

2.2　国内需要低迷

　消費需要の低迷は労働者の賃金の伸び悩みを原因としている。「法人企業統計」から従業員給付が停滞していることはすでに確認した。ここでは，福利厚生費を除いた従業員給与と賞与の1人あたり賃金の推移を見ることにしよう。図2.11から，大企業と中小零細企業の1人あたり賃金はバブル崩壊後ピークをつけた後，低迷し続け，回復していないことがわかる。詳しくみると，大企業の1人あたり賃金が最高額となったのは2001年度（611.8万円）で，2009年度に最低額（538.8万円）となり，その後若干の上昇傾向を示すものの2017年度は2001年度水準よりも42万円も低い水準にとどまっている。中小零細企業の1人あたり賃金は1995年度の最高額（340.2万円）から2005年度の最低額

図2.11　1人あたり賃金（1980〜2017年度）

注：1人あたり賃金は従業員給与と従業員賞与の合計額を期中平均従業員数で除したもの。

(305.9万円）まで低下し，その後近年まで緩やかに上昇傾向を示しているが，大企業同様バブル崩壊後のピーク時の賃金を15万円程下回っている。このように，バブル崩壊後，そして3つの過剰解消後も1人あたり賃金が低下し低迷している要因は，さきにも指摘したように，1995年以降急激に増加し続けている非正規雇用の存在である。正規雇用に比べて賃金の低い，非正規雇用がいまや雇用者の2.5人に1人となっている。このことが，大企業，中小零細企業の1人あたり賃金の低下と停滞の理由となっている。さらに，大企業を中心に導入が進んだ成果主義がある。成果主義は，仕事の成果に応じて給与や待遇を決定する人事制度であるが，バブル崩壊後人件費を抑制する目的で導入されたのである[4]。

　このように，労働者の賃金の伸び悩み，低迷状況がバブル崩壊後続いてきたことが，家計消費を冷え込ませてきた。消費需要の停滞である。消費需要と並ぶ国内需要，つまり民間設備投資の状況を「法人企業統計」から確認してみよう。図2.12と図2.13は，大企業と中小零細企業別に設備投資額とキャッシュフローの推移を表わしている。キャッシュフローは企業活動のなかで自ら調達した現金資金であり，内部金融である。ここでは，当期純利益（税引後純利益）から配当金を差し引いた社内留保と減価償却費を加えたものをキャッシュフローとしている[5]。企業設備投資額とともにキャッシュフローを同時に図示したのは，キャッシュフローには銀行借入などの外部資金と違って調達費用がかからないため，両者には密接な関係があると思われるからである。大企業の設備投資額は1991年度に35兆円余りであったが，その後，経済状況によって増減を繰り返し，リーマンショックで大幅に落ち込んだ後，近年では20兆円余りとなっている。企業の設備投資とそれを制約すると考えられるキャッシュフローとの関係をみると，2000年代を境に両者の関係に変化が見られる。1980年代から2000年頃までは，設備投資額がキャッシュフローを上回ってい

---

4) 経済産業省委託調査「「人材マネジメントに関する研究会」報告書」（2006年3月）は，成果主義の導入によって，モチベーションの低下や組織力の低下，そして人材育成能力の低下など企業経営にとって，看過できない問題も指摘している。
5) 2006年度以前では，役員賞与が利益処分項目として税引後純利益から差し引かれている。2007年度以降は，役員賞与は費用項目に分類されている。

図 2.12　設備投資とキャッシュフロー（大企業，1980〜2017年度）

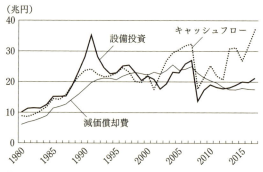

注：キャッシュフロー＝社内留保＋減価償却費
　　社内留保＝当期純利益－配当－役員賞与（2006年以前）

図 2.13　設備投資とキャッシュフロー（中小零細企業，1980〜2017年度）

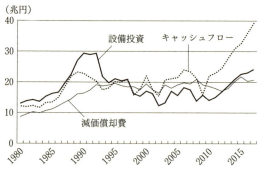

注：キャッシュフロー＝社内留保＋減価償却費
　　社内留保＝当期純利益－配当－役員賞与（2006年以前）

た。とくに，バブル期においては顕著である。それが，2000年代に入ると一転して設備投資額がキャッシュフローを下回ることになった。2017年度においては，15.8兆円も下回っている。中小零細企業の設備投資にも同様な傾向が見て取れる。バブル期に30兆円ほどにまで膨らんだ設備投資は崩壊後増減を繰り返しながら低下し続け，2010年度以降，増加傾向を示している。1980，90年代は設備投資がキャッシュフローを上回っていたものの，2000年代に入ると反対にキャッシュフローが設備投資を上回ることになり，2017年度では

15兆円ほどの開きがある。

　このように，大企業，中小零細企業ともに2000年代に入ってからの設備投資は非常に抑制的となっている。バブル経済で過剰となった設備のリストラが行われたと同時に，生産能力増強型の積極的な設備投資が行われず，減価償却費の範囲内の更新投資（維持・補修）を中心に行われたものと考えられる。図2.12および図2.13には，キャッシュフローから社内留保を除いた減価償却費の推移も示してある。それによると，大企業，中小零細企業ともに近年を除けば2000年代に入って設備投資が減価償却費を下回っていることが見て取れる。

2.3　期待成長率の低下

　設備の過剰が解消された2000年代半ば以降も設備投資が停滞気味である，とりわけ大企業においてそれが顕著であるのはなぜであろうか。それは，内閣府が企業活動の面から経済の実態を把握する目的で毎年実施している「企業行動に関するアンケート調査」から明らかとなる。同調査の対象は2016年度から中堅・中小企業にまで拡大されたが，それまでの調査対象は証券取引所上場企業である大企業であった。長期的な経緯を見るため大企業のみの調査結果を考察せざるをえない。調査では，今後5年間の実質経済成長見通し，つまり期待成長率を尋ねている。図2.14は，その期待成長率と実際の経済成長率の推移を示したものである。なお，網かけの期間は景気の山から谷までの景気後退局面を示している[6]。この図から，第1に景気の後退局面では概して期待成長率が現実の成長率を上回っており，景気回復局面では反対に期待成長率が現実の成長率を下回る傾向にあることがわかる。現在は低成長であるが，5年先を見通した場合，企業は成長率がより高い水準となっていると期待しているのである。設備投資の拡大を検討する企業も現われるかもしれない。反対に，好景気において，企業は将来的に景気が悪化する可能性が高くなると予想し，したがって設備投資には抑制的な力が働くことになるかもしれない。このように，企業は現下の経済状況からだけで設備投資計画を決定するのではなく，将来の

　6）　景気局面は，内閣府経済社会総合研究所長が，景気動向指数研究会の議論を踏まえて設定したものである。

図 2.14　今後 5 年間の実質経済成長見通し（上場企業，1980〜2017 年度）

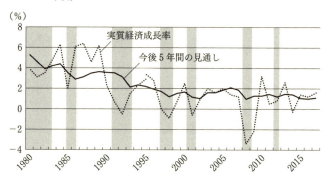

出所：内閣府「平成 7 年基準 (1993 SNA) 国民経済計算」,「2011 年基準・2008 SNA 国民経済計算」,「企業行動に関するアンケート調査結果」より作成。

期待成長率によってその修正を行っているものと考えられる。図 2.14 から明らかな第 2 の点は，1980 年代からバブル崩壊後まで大企業の期待成長率は低下し続け，1990 年代半ば以降は 2 ％を下回る水準であり，ここ 10 年ほどは 1 ％前後の低水準で推移していることである。つまり，バブル崩壊後，大企業の期待成長率は一段低い水準に落ち込んだままとなっているのである。

　バブル経済崩壊後，企業は 3 つの過剰解消に取り組み，2005 年には『経済財政白書』が解消を宣言した。雇用，設備の過剰解消の過程で労働者の賃金や，企業の設備投資が抑制されたことは前項で見たとおりである。消費需要や設備投資需要が停滞し，経済成長率が落ち込んでいるもとで，企業の期待成長率が落ち込むことは当然である。期待成長率が落ち込めば，それを前提に企業活動を展開することになる。固定費である労働者の賃金を押さえ込み，設備投資も能力拡張を企図した積極的投資が控えられ，維持・補修を中心とした減価償却費の範囲内での投資とならざるをえないであろう。消費と投資の停滞が現実の成長を押し下げ，それが期待成長率を引き下げ，期待成長率の停滞が現実の成長を停滞させるという悪循環が生じているのである。

　日本政策投資銀行は毎年「企業行動に関する意識調査」を実施している。2016 年度の大企業に対するアンケート調査のなかで，過去 3 年の国内設備投資の水準に関する意識を聞いている。表 2.2 がその結果である。非常に高水準，

表 2.2　過去 3 年の国内設備投資の水準に対する認識　　（単位：％）

	非常に高水準	やや高水準	やや抑制的水準	極めて抑制的水準
製造業	8.8	47.6	38.0	5.6
非製造業	10.8	44.6	38.4	6.2
全産業	7.4	49.7	37.7	5.2

出所：日本政策投資銀行「特別アンケート　企業行動に関する調査結果（大企業）」2016 年 6 月。

やや高水準であった企業が製造業，非製造業で50数％にのぼるが，さきに見たように2000年代に入ってから設備投資が停滞しており，当然バブル期のような投資水準まで回復したということではない。全産業，製造業と非製造業別に見ても，いずれもやや抑制的ときわめて抑制的と回答した大企業は45％弱にのぼる。さらに，抑制的であると回答した企業にその理由を聞いた結果が表2.3，表2.4である。設備投資が抑制的であった理由のトップは製造業，非製造業ともに「財務体質改善を優先」させるためであった。また，製造業では「リスクに対して，より慎重になっているため」が38％も占

表 2.3　表 2.2 で抑制的と回答した場合の，背景にあるもの（製造業）　（単位：％）

国内市場の成長が期待できないため	33.3
国内工場の輸出拠点としての優位性が低下	3.8
海外設備投資を優先	19.2
M&Aを優先	2.8
リスクに対して，より慎重になっているため	38.0
財務体質改善を優先	40.4
事業拡大のための人員が確保できないため	1.9
その他	4.2

出所：表 2.2 に同じ。
注：製造業（213 社）。2 つまでの複数回答。

表 2.4　表 2.2 で抑制的と回答した場合の，背景にあるもの（非製造業）　（単位：％）

国内市場の成長が期待できないため	20.6
海外事業展開を優先	3.8
M&Aを優先	3.4
リスクに対して，より慎重になっているため	5.5
財務体質改善を優先	67.4
その他	19.6

出所：表 2.2 に同じ。
注：非製造業（291 社）。2 つまでの複数回答。

めている。未だにバブル経済崩壊の影響が影を落としている。その次にあげられているのは「国内市場の成長が期待できないため」である。期待成長率が低下しているのである。設備投資が抑制的であると回答した企業のうち製造業では3分の1の企業が，非製造業では5分の1の企業が期待成長率の低下をその理由としてあげている。製造業の方が国内市場の期待成長により悲観的になっていることがうかがえる。その代わり製造業では「海外設備投資を優先」させ

るため，国内投資が抑制的にならざるをえないとした企業が5社に1社にのぼる[7]。

　日本政策投資銀行の調査から，大企業の投資が抑制的であるのは，さきにみたように国内市場の成長が期待できず，その結果リスクを冒してまで設備投資を増強するには至らず，財務体質の改善が追求されていることが読み取れる。

2.4　内部留保の増加

　経費である固定費の削減は損益分岐点を引き下げ，不況に強い企業体質をつくることになると同時に，利益を増加させる効果をもつ。図2.15は1980年以降の大企業，中小零細企業別の営業利益の推移を示している。リーマンショックで大きく落ち込んだこともあるが，増減を繰り返しながら，ともに増加傾向を示している。ここで，注目すべき点は，バブル崩壊後の1993年度までは中小零細企業の営業利益が大企業のそれを上回っていたが，翌94年度からは反対に大企業の営業利益が中小零細企業のそれを一貫して上回っていることである。これは，大企業における賃金抑制が中小零細企業よりもより強力に推し進められたことや，下請けである中小零細企業に対する大企業の締めつけのためであると考えられる[8]。

　図2.16には大企業の営業利益と経常利益の1980年度以降の推移が示されている。営業利益は，企業が本業で稼いだ利益であり，経常利益は本業以外の事業活動，財務活動から得た利益も含めた経常的に稼ぎ出した利益である。両者の動きで特徴的なことは，バブル崩壊後の2003年度までは営業利益が経常利益を上回っていたが，その後，経常利益が一貫して営業利益を上回る状況が続いていることである。2017年度には10.3兆円も経常利益が本業の利益を上回っている。図2.17で示されているように，中小零細企業の状況も類似しているが，経常利益が営業利益を上回るのが1999年度であった。バブル崩壊後，3

　7）　製造業，とりわけ電機産業と自動車産業の海外展開とその帰結については，坂本（2017）が詳しい。

　8）　大企業による下請けあるいは系列企業への締めつけについては，奥村（2011）を参照のこと。

図 2.15 規模別営業利益の推移（1980〜2017年度）

図 2.16 営業利益と経常利益（大企業, 1980〜2017年度）

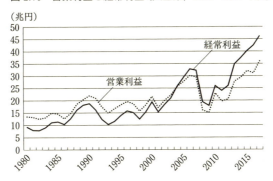

つの過剰の解消，つまり固定費を削減することで，利益を増やしてきた。しかし，国内需要は冷え込んでおり，増えた利益の活路は本業には見出せない。そこで，本業以外に資金を投じて利益の増加を図った結果である。この傾向は近年ますます強まっている。とりわけ，大企業では顕著である。このようにして，企業には莫大な利益がもたらされ，それが企業内部に溜まっている。いわゆる内部留保である[9]。図 2.18 は規模別の内部留保の蓄積額の推移を示している。3つの過剰解消宣言後，内部留保は急増しており，2017年度には446.5兆円に達している。内訳をみると大企業が216.6兆円（全内部留保の48.5％，以下同様），資本金1億円以上10億円未満の企業が64.3兆円（14.4％），資本金5000

---

9) 内部留保については，小栗・谷江（2010）が詳しい。

図 2.17 営業利益と経常利益
（中小零細企業，1980〜2017年度）

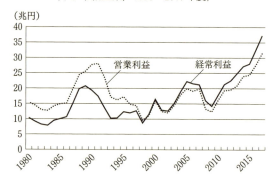

図 2.18 資本金規模別内部留保（1980〜2017年度）

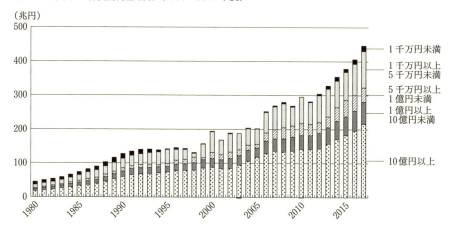

万円以上1億円未満の企業が42.0兆円（9.4％），資本金1000万円以上5000万円未満の企業が107.7兆円（24.1％），資本金1000万円未満の企業が15.9兆円（3.6％）となっている．280万弱の全法人企業のなかで5000社ほどの大企業の懐に全内部留保のおよそ半分が溜まっているのである．

3　アベノミクスと国民生活本位の不況対策

「デフレからの脱却」を目指しアベノミクスがとられたが，一向に景気が回復する気配はない。冷え込んだ国内需要を喚起できないままでいる。ここでは，大胆な金融緩和政策と，「働き方改革」を取り上げ，また国民生活を守ることこそが長期不況を打開する道であることを明らかにしよう。

3.1　金融緩和政策

バブル崩壊後の長期不況対策として，2000年代に入ってから，日本銀行は量的金融緩和政策をとった。民間銀行の日銀当座預金残高の調節を通じて市場への貨幣供給量を増大させる政策である。日銀が民間銀行の保有する国債や手形を買い取ることにより，民間銀行の日銀当座預金が増加する。民間銀行が増加した預金を企業に融資することで，市場に流通する貨幣量が増大し，経済の活性化に繋がるというものである。

図2.19は企業規模別の金融機関借入残高の推移を示している。大企業は1993年度に借入残高がピークに達し，その後，3つの過剰が解消した2005年度まで減少を続けた。それ以降は増加傾向を示しているが，バブル崩壊後の水準にまでは至っていない。中小零細企業の金融機関借入残高は，バブル崩壊後の1995年度以降減少し続け，2005年度以降大きな変化が見られない。日銀が

図2.19　金融機関借入残高（1980〜2017年度）

注：当期末流動負債と固定負債の合計残高。

金融緩和政策をとっているにもかかわらず，企業の金融機関からの借入は増加していない。さきにみたように，企業の投資は停滞しており，さらに企業内には調達コストがかからない内部留保が潤沢にあるからである[10]。

　2013年，日銀は異次元金融緩和策を打ち出した。2％の消費者物価上昇を実現するための大胆な量的・質的金融緩和策である。物価が下がるデフレ状況では消費マインドが湿りがちとならざるをえない。そこで，日銀が異次元金融緩和策を実行すると，将来物価が上昇するとの予想が形成され，それにより消費需要が喚起されるとの見通しにもとづくものである。消費需要が活性化すれば，企業の設備投資にも火がつき，好循環が実現するというシナリオである。しかし，すでにみたようにバブル崩壊後，労働者の賃金は低迷し続けている。少子高齢化が進み，将来不安も増している。このような状況下で，異次元の金融緩和を行っても効果は望めない。事実，さきにみたように，日銀の異次元金融緩和以降，消費者物価が上昇したのは，2014年度の消費税増税によるものだけである。

3.2　多様で柔軟な働き方と労働生産性

　日本の生産年齢人口は1996年から減少し始め，さらに総人口も2000年代に入ってから減少し始めている。一部の産業では，働き手不足が深刻化しているとの指摘もある。また，この労働力不足の懸念が企業の設備投資にも影響を与えることにもなりうる。さきの表2.3で，製造業で設備投資が抑制的となっている理由のなかで，比率は低いものの「事業拡大のための人員が確保できないため」（1.9％）があげられている。このようななかで，労働生産性の向上が叫ばれている。労働生産性が上昇すれば，より少ない労働で，より多くの生産量の生産が可能となりうるからである。人口，そして生産年齢人口が減少するなかで，労働環境を整備することによってこれまで労働市場に参加していなかっ

---

[10]　このような状況下で，銀行の海外貸出が急増している。国際決済銀行（BIS）の「国際与信統計（日本分集計結果）」によれば，日本の銀行の海外向け与信残高は2005年度末で1兆5137億ドルであったが，2017年度末には2.75倍の4兆1629億ドルに増加している。

た女性と高齢者の働き手を増やすことと同時に，労働生産性の上昇が喫緊の課題ということである。そのために「働き方改革」を進め，柔軟な働き方を普及することが必要であるとされる。

　柔軟な働き方として「高度プロフェッショナル制度」（以下，「高プロ」）が創設された。「高プロ」制度は「残業代ゼロ」制度とも呼ばれ，年収1075万円以上の一定の業種の労働者を労働基準法による労働時間や休日等の規制対象外にする制度である。残業代目当てで長時間労働をしている，あるいは退社時刻以前に仕事を終えても帰宅できないなどの事情がある場合に，「高プロ」制度で効率的に仕事ができて，労働生産性も上昇すると主張される。一部の高所得労働者ではこのような状況はあるのかもしれないが，今後「高プロ」の年収要件額が引き下げられる可能性がある。かつて，「高プロ」の前身とされたホワイトカラー・エグゼンプション制度が検討されていたときに，その制度対象者は年収900万円程度とされていたが，経団連からは400万円という要求もあった。戦後長い間禁止されていた派遣労働が1985年に13の専門業種に限って解禁された。その後，いく度となく繰り返された規制緩和で，派遣労働は現在では一般業務にまで拡大され，3年ごとに人を替えれば，同じ部署での派遣が継続して可能になっている。派遣労働は，臨時的・一時的という原則が完全に踏みにじられている。このように，「高プロ」の年収要件はいずれ緩和され，より多くの労働者が「高プロ」制度の対象者となっていく。「高プロ」制度対象労働者には残業手当が支給されない。したがって，企業は残業代を計上しなくてすむ。つまり，固定費の削減になり利潤を増やし，同時に損益分岐点を引き下げることになる。仕事の成果が上がるまで長時間労働が続き，残業代も支払われることがなければ，モチベーションが低下し，生産性は上昇するどころか低下することになろう。

　同様なことは最近，適用労働者の範囲の拡大が検討されている裁量労働制についても言える。裁量労働制とは実際の労働時間には関係なく労使で協定した「みなし労働時間」にもとづいて賃金が支払われる制度である。短時間労働で業務量をこなせば，「みなし労働時間」内であっても労働を終えることができ，労働者のモチベーションを引き上げ，労働生産性の向上につながるという考え方である。しかし，もともと成果主義にもとづいた制度であり，業務量が多く

なればなるほど労働時間は長くならざるをえない。業務量について労働者に裁量権はない。業務量が多くなればなるほど労働時間は長時間化し、「みなし労働時間」を超えても、残業代が支払われることはない。したがって、裁量労働制は「高プロ」同様、固定費を引き下げ利潤を増やす、そして損益分岐点を引き下げ、労働者に長時間労働を強いる制度である。「高プロ」、裁量労働制とも定額賃金で成果を上げるまで長時間労働を強いられることになり、企業とりわけ大企業には定額賃金あたりの生産性上昇をもたらす。他方で、長時間労働は労働者の健康障害、過労死をもたらすのである。

3.3 国民生活を温める不況対策

働く環境、とりわけ長時間労働や正規、非正規の待遇格差などの是正を行い、人間らしく働ける労働環境の整備を早急に整える必要がある。事実上、青天井であった残業時間に上限が設けられた。上限基準は月45時間、年360時間であるが、特別な事情が予想される際には、45時間を超えて働かせられるのは年6ヵ月までとし、年間720時間以内としている。ただし、これは休日労働を含めない場合の上限であり、休日労働を含めた場合には単月では100時間未満、2ヵ月から6ヵ月平均なら、80時間未満まで認められる。「未満」が付けられてはいるものの、この月100時間、2ヵ月から6ヵ月までの平均80時間という数字は、厚生労働省が通達した「過労死ライン」そのものである。同通達では過労死の原因となりうる疾患の発生と労働との関係について「発症前1か月間におおむね100時間又は発症前2か月間ないし6か月間にわたって、1か月当たりおおむね80時間を超える時間外労働が認められる場合は、業務と発症との関連性が強いと評価できる」としている[11]。まさに過労死ラインまで残業の上限を認めるというものである。「特別な事情」を認めず、月の残業時間を45時間、年の残業時間を360時間を法制化すべきである。また、長時間労働の温床となる「高プロ」や裁量労働制は廃止すべきである。もちろん、サービス残業と言われる不払労働を根絶することは言うまでもない。最低賃金を引き上げ、

---

11) 厚生労働省労働基準局長基発第1063号「脳血管疾患及び虚血性心疾患等（負傷に起因するものを除く。）の認定基準について」(2001年12月12日)。

真の意味で同一労働同一賃金を実現し，非正規労働者の待遇を改善するとともに，正規化を促進しなければならない。これらの施策を実行するには中小零細企業に対する支援が必要になろう。

　高齢化に対しては社会保障を充実する必要がある。公的年金の給付額を削減する仕組みを廃止し，支給額を増額することで，将来への不安を払拭することが必要である。子育て世代が安心して子育てできる環境の整備も必要となる。これらの施策を実施するには，財源が問題となる。歳出については，不要な支出を削減することが求められる。高額な武器をアメリカから購入するなど，防衛予算が膨張しているが，平和を希求する意味からしても防衛予算の大幅削減が求められる。また，大型公共事業への歳出も大幅カットし，国民生活に必要な生活に密着した各種のインフラ整備・修繕に傾注すべきである。

　歳入においては，富裕層や大企業に対する課税強化が必要となる。個人所得税の納税状況を国税庁の「申告所得税標本調査」によって確認しよう。2016年の標本調査から，所得税の負担率を合計所得金額に対する算出税額として，所得階級別に求めたものが図2.20である。所得階級が上昇するにつれ所得税負担率が高くなるが，それは合計所得金額が5000万円を超え1億円以下（負担率28.5％）までであり，さらに所得が増すごとに負担率が低下し続けることにな

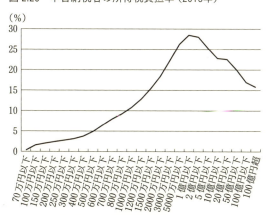

図2.20　申告納税者の所得税負担率（2016年）

出所：国税庁「平成28年分　申告所得税標本調査」より作成。
注：所得税負担率＝算出税額／合計所得金額

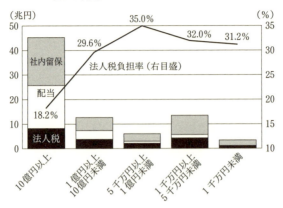

図 2.21　資本金規模別税引前当期純利益の構成
（2017年度）

注：法人税負担率＝（法人三税＋同調整額）／税引き前当期純利益

る。合計所得額が100億円を超える申告者の負担率は，1200万円超1500万円以下の所得階級と同程度の15.8％である。これは，総合課税よりも低い税率が適用される配当所得や株式譲渡益などの不労所得の合計所得金額に占める割合が，高額所得者になるほど高くなるからである[12]。応能負担の原則にもとづき，富裕層を優遇する分離課税を廃し，総合課税に一本化したうえで，累進性を強化すべきである。

　図2.21は2017年度の資本金規模別税引前純利益の水準を示したものである[13]。税引前純利益から法人三税（法人税等調整額を含む）が納税され，残りのなかから配当が行われ，最後に社内留保が企業の手元に残ることになる。大企業は，全法人企業の税引前純利益の56％あまりに相当する45.3兆円の税引前純利益を上げている。そこから，法人三税8.2兆円が納税されている。この

---

12) 「申告所得税標本調査」によれば，一律20％（所得税15％，住民税5％）が適用される株式等の譲渡所得等が合計所得（各種所得の合計額から繰越損失額を控除した額）に占める割合は，5000万円超1億円以下の所得階級で4.9％であるが，それから所得が増すごとに累増し，100億円を超える所得階級では91.7％にのぼる。

13) 本業での利益，つまり営業利益に"営業外収益－営業外費用"を加えたものが経常利益であり，それに"特別利益－特別損失"を加えたものが税引前純利益である。

納税額が税引前純利益に占める負担率は，18.2%である。この負担率を中小零細企業の負担率と比較してみると著しく低いことがわかる。中小零細企業のおおむね30%の負担率に対して，10%以上も低い負担率である。各種の大企業優遇策がこのように中小零細企業に比べて低い負担率の原因となっていると考えられる[14]。大企業の税引後純利益は37兆円にも達し，うち47.2%に相当する17.5兆円が株主への配当とされ，残り19.6兆円が社内に留保されている。個人所得税同様，応能負担の原則が適用されるべきであるが，仮に中小零細企業と同程度の負担率を求めた場合，どれだけの税収増になるのであろうか。資本金規模1億以上10億円未満の企業並み，30%の負担を課した場合，法人税収増は5.3兆円余りとなる。5000万円から1億円未満の企業並み，35%の負担を課した場合には7.6兆円の税収増となる。35%負担にした場合でも，税引後純利益は29兆円を上回るのである。さきに大企業の労働者1人あたりの年間賃金はバブル崩壊後の最高水準よりも42万円ほど下回っていることを指摘したが，この42万円余りを年間賃金に上乗せする際に必要な原資は3.18兆円ほどである。社会的存在である大企業が公正・公平な負担をし，さらに賃上げや適正に下請け単価の引き上げを行う支払能力は十二分にあるのである。これらの施策は国内需要を温め，経済の好循環をつくりだすことになると同時に，格差是正にも寄与することになる。

参考文献
奥村宏（2011）『徹底検証 トヨタ』七つ森書館
小栗崇資・谷江武士編著（2010）『内部留保の経営分析』学習の友社
企業分析研究会（2018）『現代日本の企業分析——企業の実態を知る方法』新日本出版社
坂本雅子（2017）『空洞化と属国化』新日本出版社
富岡幸雄（2014）『税金を払わない巨大企業』文藝春秋
内閣府（2006）『経済財政白書』

---

14) 法人税における大企業優遇策については，富岡（2014）を参照のこと。

第3章　金融部門の肥大化と資産格差の拡大

長島勝廣

1　金融部門の肥大化と資産格差の拡大

　2016年10月の世界銀行・IMF総会では「包括的成長」，すなわち中間所得層への所得配分を通じた持続的成長の重視が強調され，世界経済の認識として各国の格差拡大にかかわる問題が正面から取り上げられた。その背景には1970年代以降の経済・金融の発展を支えてきたパラダイムの大きな転換があった。すなわち，1970年代までの「物の拡大」の時代からそれ以降の「金融の拡大」の時代へと世界経済の潮流が大きく変わり，資産市場の拡大による資産格差が経済構造に大きな影響を与えてきたことが認識されたのである。そして，市場化を通じた金融資産の拡大が実体経済の変動要因につながり，2007年以降のサブプライムローン問題やリーマンショックのような「100年に一度の金融危機」の発生をもたらした。それは資産格差を背景とする金融レバレッジ拡大の潮流が，すでに経済の持続的成長に支障を生じさせるレベルにまで達したという証左でもあった。

　本章では，経済のグローバル化に続き金融の肥大化が進むなかで，資産格差の拡大が経済成長にどのような影響を与えているかなど，資産格差の問題が経済学の重要なテーマとなっていることを踏まえて，関連する先行論文等をレビューするとともに，欧米の資産格差の現状を検証し，さらにとくにわが国の資産格差の現状と資産格差が経済成長にどのような影響を与えているかについて考察し，今後の課題について考えることにしたい。

1.1　欧米における金融の肥大化と資産格差

　欧米のいわゆる金融の肥大化は1999年を境に始まったといわれるが，その背景や要因を時系列的に整理すると次のとおりである。

　第2次世界大戦後，欧米の資本主義経済は「実物経済市場」で利潤を得て経

図 3.1 世界の金融資産とその対 GDP 比の推移

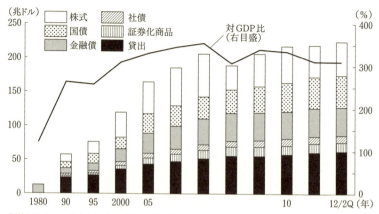

出所：McKinsey Global Institute, "Financial globalization: Retreat or reset? Global capital markets 2013" (March 2013), "Mapping global capital markets: Fifth annual report" (October 2008).
注：1980年のみ，McKinsey Global Institute (2008) による。

済成長を持続させてきたが，1970年代に入ると世界中にグローバル化が行き渡り，実物面での投資機会が利用し尽くされて，さらなる「実物経済の拡大」による経済発展が難しい状況に陥った。

1980年以降，とくに米国による新自由主義の台頭を機に，資本主義経済は「金融シフト」というよりむしろ「金融頼り」へと舵を切り，新しい投資を「金融の場」に求め，ITの発展，金融自由化を背景に，資本の自己増殖を求めて「金が金を生む新しい市場」，つまり「金融経済市場」を創出し，利潤確保に邁進してきた。必然的に先物市場が実需から遊離し膨張した。図3.1にみるように，1980年には世界規模でみると実体経済と金融資産の額はほぼ同じであったが，1990年代から金融の肥大化の流れが始まり，2014年には世界の金融資産が実体経済（GDP）の3.5倍近くの規模にまで肥大化している。

この金融肥大化のなかで2007年のサブプライムローン問題や2008年のリーマンショックによる世界的金融危機が発生するなど，金融市場はバブルとその崩壊を繰り返してきた。世界経済が安定性を欠き不況に落ち込むたびに，「富の格差」が拡大してきている。

前述のように，欧米では資産格差が極端な水準に達し，自由化やグローバル化にともなう格差問題（所得分配の不平等化問題）が浮上したことで，世界的

レベルで「包摂的成長」が強調され始め，トマ・ピケティ（2014）の『21世紀の資本』[1]やアンソニー・B・アトキンソン（2015）の『21世紀の不平等』等による格差に関する研究書の出版をきっかけに，先進国の所得および資産格差に関する議論が内外とも盛んになってきている。

1.2 わが国の金融の肥大化と資産格差

まず1970年代以降の日本経済の姿を概観してみよう。1960年代からの高度経済成長で発展してきた日本経済は，1973年，79年のオイルショックなどで挫折を味わった。その後，1987年頃から始まった急激なバブル経済が1991年に崩壊した後は「失われた20年」といわれる長期にわたる経済成長の低迷期に入り，成長率でみると1990年から2014年まで名目成長率が実質成長率を下回る（実質成長率＞名目成長率）デフレ経済の構造へと変貌した。とくに2008年のリーマンショックを機に始まった金融大不況のもとで，2009年の成長率は過去30年間で最大の落ち込み（△8％）を記録した。その後，2011年の東日本大震災により大きく低下した成長率は，2014年以降，名目成長率が実質成長率を上回る（実質成長率＜名目成長率）ようになり，デフレ経済は改善されつつあるものの，依然として力強さに欠けたまま低調に推移している。

この間，日本経済において金融の肥大化がどのような状況で推移したかについてみてみよう。日本銀行はバブル崩壊後の1990年からデフレ経済への対応として，ゼロ金利政策や量的金融緩和をすでに開始していた。2007年の米国サブプライムローン問題や2008年のリーマンショック時の世界的金融危機への対策として，2010年には欧米諸国の金融当局と協調し「包括的金融緩和政策」を展開したが，「失われた20年」といわれるように，日本経済は長い低迷期から脱することができずに推移した。

安倍政権は2012年以降，「縮小均衡の分配政策」から「成長による富の創出

---

1) ピケティ（2014）の『21世紀の資本』（原書は2013年刊）は，イデオロギー的な主張ではなく，膨大な歴史データを綿密に積み上げ，これまでの研究にはみられなかった長期にわたる所得分配の動きを分析して，多くの国で所得格差が拡大していることを実証し，そのメカニズムについての仮説を提示した研究書である。

図 3.2 マネタリーベースおよびマネーストックの推移

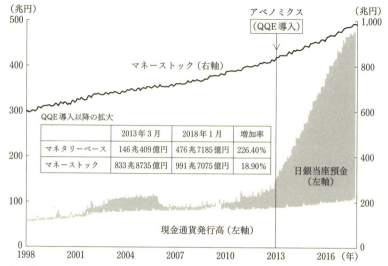

出所:「マネタリーサーベイ」日本銀行ウェブサイト (http://www.boj.or.jp/statistics/money/msa/index.htm/);
「マネーストック」同 (http://www.boj.or.jp/statistics/money/ms/index.htm/)
注:マネーストック (M2) は,2003年3月まではマネーサプライ (M2＋CD) の値を示した。

図 3.3 ドル円レートおよび実質実効為替レートの推移

出所:「外国為替市況(目次)」日本銀行ウェブサイト (http://www.boj.or.jp/statistics/market/forex/fxdaily/index.htm/);「実効為替レート」同 (http://www.boj.or.jp/statistics/market/forex/jikko/index.htm/)

政策」へと政策を転換し,いわゆるアベノミクスを導入した。図3.2にみるとおり,ポリシーミックスの「3本の矢」の第1の矢は大胆な金融緩和政策であり,これがアベノミクスの太宗をなしており,日銀がインフレ目標2％を掲げて,

図 3.4　日経平均株価（月次・終値）の推移

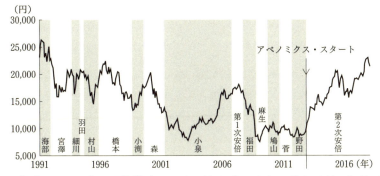

出典：「ヒストリカルデータ」日経平均プロフィルウェブサイト（https://indexes.nikkei.co.jp/nkave/archives/data?list=monthly）
注：背景の明暗は，各政権の期間を示す。

そのために国債や上場投資信託（ETF）等の金融資産を市場から大量に買い入れ，流動性を大量に放出するものであった。図3.3，図3.4にみるとおり，これは円安と株高を誘導してデフレ脱却と景気浮揚を狙った政策で，円安による輸出企業等による収益増と株価の大幅アップについては成果がみられたものの，景気浮上の実感には乏しく，経済の活性化は未達の状況であるが，超金融緩和政策の遂行によって生まれた溢れかえる流動性のもとで，日本経済の「金融の肥大化」が一層進んだといえよう。

　このような経済の推移のなかで日本における資産格差がどのような状況で推移したかを検証してみると，1990年前後の日本経済はバブル経済崩壊の混乱下にあり，世界経済における金融の拡大・拡張の動きとは隔絶された状況にあった。加えて経済は資産デフレの状況にあったため，資産面の大きな格差は生じていない。つまり世界的な「金融の肥大化」が生じた2000年からの10年間，日本経済はカヤの外にあったのである。日本国民の間での資産格差感は海外と比べて大きくはなかったが，1990年代以降のバブル崩壊にともなう長期にわたる経済停滞のもとで貧困層の拡大や中間層の経済的衰退は確実に進行していたといえよう[2]。そしていまや日本は中間層が衰退し低所得層にシフトダウンしたことにともなう貧困が大きな問題になってきつつある。

　一般に経済が上向いたときには，富裕層の資産増や非正規雇用の増加などで

格差議論が高まる傾向がある。政府による「1億総活躍社会」創設や「働き方改革」導入等の動きは格差問題の是正圧力への政治的配慮にすぎず，国民の強い不公平感は根強く存在しているといえよう[3]。

　日本経済の低迷に対する政策として日銀と政府による超金融緩和政策の強力な推進という形で，金融の肥大化が進められてきたが，その結果，一部の資産家や富裕層，大企業の資産形成には大きく貢献したが，貧困・格差はむしろ広がっているといえる。

2　資産格差の拡大について

　経済格差（所得格差＋資産格差）が経済のグローバル化の進展とともに世界的に問題とされているが，ピケティは，前掲『21世紀の資本』のなかで，「今後，富裕層に資産が集中する結果，中産階級が消滅し格差問題としては所得格差以上に資産格差が重大になる」との懸念を示している。同書の出版などがきっかけになって，1980年代以降の世界的な貧富の差の拡大や資産格差を含む所得格差（所得と資産の分配の不平等化）の拡大についての議論がさらに盛んになったといえる。ピケティの主張を中心に，欧米の資産格差の状況と比較しつつ，日本の資産格差の現状について整理してみよう。

2.1　欧米主要先進国の資産格差状況

　ピケティは『21世紀の資本』のなかで，19世紀以降の欧米諸国のデータを分析し，歴史的にみると「資産の格差」が「所得の格差」を上回っており，欧州では，上位10％層の資産保有状況は，戦前の1910年までは80〜90％，その後1970年代までの間に60％に縮小したが，1980年代以降は世襲中流階級の台頭で再び拡大し，資産格差は100年前の水準に戻っていると分析している（ピケ

---

[2]　OECD（2015）の報告では，日本は加盟国中ほぼ中位の位置にある。しかし，富裕層への富の集中は低いとはいえないと指摘されている。

[3]　格差には「結果の格差」と「機会の格差」ある。社会が活力を保つためには「機会の格差」が重要であり「機会の平等」が重要である。

図 3.5　上位 1 ％の所得シェア

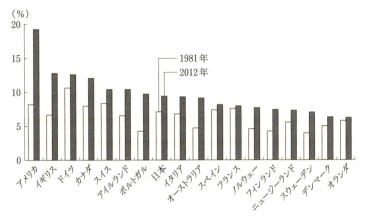

資料：OECD, "Focus on Top Incomes and Taxation in OECD Countries: Was the crisis a game changer?"

ティ 2014: 361-362)。

　英，独，仏 3 国の資産格差をジニ係数でみると，1960年代から1990年頃にかけて大きく減少している。これは各国で導入された富裕税の効果とみられる。その後，新自由主義政策の導入と富裕税が縮小・撤廃された影響で，2010年頃まで微増で推移している[4]。

　2014年 5 月，OECDは報告書のなかで，加盟国のほとんどで超富裕層といわれる「最も豊かな 1 ％の人たち」の税引前所得の割合が上昇したと指摘している。図 3.5 にみるとおり，2012年の資産格差を上位 1 ％の所得のシェアでみてみると，米国のほぼ20％（1981年 8 ％）が断トツに高くなっており，次いで英，独，カナダが13％程度，北欧 3 国のシェアは小さく，日本は中位で資産格差は各国と比べて高からず低からずの姿となっている。

　ちなみに1980年以降，高額所得者では実業の経営者より金融業や不動産業の経営者の割合が大きくなっており，とくに2010年以降は，貧富の格差がさらに大きく広がり，株主（外国投資家）は富み，一方，国民はますます貧しくなっている。そうした状況を反映して，米国では2011年には「ウオール街を

---

4)　北浦修敏（2015）15 ページ参照。

占拠しろ」と 1 ％の富裕層に富が集中する格差社会への抗議運動が起こっている[5]。

　このように資産格差（不平等化）が拡大した要因は，グローバル化による企業の海外展開・国内の産業空洞化にともなう先進国での低所得者層の賃金の低下，技術進歩とIT化による実質賃金の低下，高齢化等に原因を求める見解も根強くみられるが，ピケティ（2014）によれば，「最近の不平等の拡大（トップへの富の集中）は資本主義そのものに内在する論理である」（601ページ）とされている[6]。

2.2　日本の資産格差状況

　岩本ほか（2015）の家計調査のデータをもとにした日本の世帯資産額の格差の分析によれば，資産額の標準偏差（散りばり度合い）でみると1987年以降のバブル期に拡大し，バブル崩壊後は一貫して縮小し，米国に比してもより公平な資産分布であると報告されている。また，OECD（2014）のレポートによれば，日本はバブル崩壊後，資産デフレ経済（「失なわれた20年」）といわれる低成長時代に突入したことから資産格差は生じにくい環境にあり，日本の資産格差は2000年以後も穏やかに上昇しているものの上位 1 ％，10％の総資産に占める保有割合はOECD諸国のなかでも中程度で富の偏在は小さいと報告されている[7]。

　図3.6でみるとおり，2014年で資産格差を具体的にみてみると，住宅・宅地資産と貯蓄現在高のジニ係数は所得（年間収入）のジニ係数より大きい。2014年のジニ係数では年間収入が0.314に対して貯蓄現在高が0.597，住宅・宅地資産が0.565となっている。景気低迷下で1990年代から宅地地価が下がり

---

[5]　櫨浩一（2015）。

[6]　ピケティ（2014）が示した論理は単純な不等式，資本利益率（r）＞経済成長率（g）であるが，富を持っている人の所得は r ％で質量とも相まって伸びていくが，賃金所得者の所得は g ％でしか伸びていかないため不平等はさらに拡大していくと説明している。

[7]　OECD（2014）に加盟国のほとんどで超富裕層と言うべき「最も豊かな 1 ％の人たち」の税引き前所得の割合が上昇したとの報告がある。

図 3.6 資産の種類別ジニ係数の推移（2人以上の世帯）

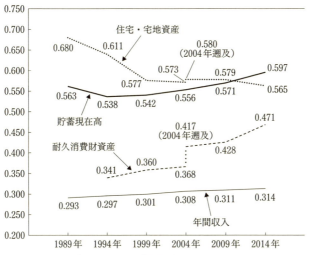

出所：総務省統計局「平成26年 全国消費実態調査」。

資産格差が縮小したものとみられる。貯蓄現在高では，2012年のアベノミクス導入後の株価上昇と団塊世代の高齢化が進んだことを受けて，資産格差が拡大傾向になっているとみられる。また，所得格差より資産格差が大きい理由としては所得が多い人ほど貯蓄が多いことがあげられる。現に総務省の年間収入十分位階級データでも階級が高い人ほど貯蓄率が高いことが知られており，こうした貯蓄率の差が積み重なることで，所得格差より資産格差が大きくなってくる。

世帯主の年齢別世帯の年間収入と資産総額を比較すると，年間収入の差と比較して資産総額の差が非常に大きい。世帯主が60歳以上の世帯の資産総額と30歳未満の世帯，50歳未満の中間層の世帯の資産総額をそれぞれ比較すると，世帯主が60歳以上の世帯の資産総額は，30歳未満の10倍，50歳未満の3倍程度となっている。

日本では低所得層，中間所得層の所得水準の低下がみられ，富裕層との格差拡大の要因となっている。とくに中間所得層の所得が大幅に低下している要因としてグローバル化，技術革新，生産性の低迷等世界共通の要因があげられる

が，日本独自の労働市場の二重構造の問題も大きな要因とみられる。

ちなみに，2016年11月の野村総研のレポート[8]によれば，2015年現在，超富裕層（5億円以上）と富裕層（1億～5億円未満）を合わせた世帯数は121.7万世帯（資産額272兆円）で，2013年から2年間で世帯数，資産額とも約20％増加している。要因は2013年からの株価上昇分が大きく寄与した結果であった。

3　金融肥大化の市場における日本の資産運用主体の実態

欧米で金融肥大化が進んだ後の2008年のリーマンショック以降，主要国・地域の中央銀行は軒並み大規模な金融緩和を実施した。日本銀行も「資産買い取り基金」を設けて2010年10月から2012年まで5回にわたる「包括的金融緩和政策」を実行したが，海外の中央銀行に比して緩和のスピードが遅く消極的であるとの批判がみられた[9]。

日本の金融肥大化は2010年頃から始まったとみられるが，2012年12月に発足した安倍内閣が2013年からアベノミクスを本格的に推進したことで，金融肥大化は大きく進んだといえる。アベノミクス政策の目的はバブル経済崩壊後，長く低迷していたデフレ経済を脱却しインフレ経済に導いて経済成長を促すことであった。そのために，①大胆な金融緩和政策，②機動的な財政政策，③長期の成長戦略の3本柱を軸とする経済政策を実行することであった。その中心となる政策は①の日銀による超金融緩和政策であり，まずはデフレ脱却を目指したものであった。内容は金融の量的・質的緩和策の導入でマネタリーベースで年間60兆～80兆円のさらなる流動性の増加を図るもので，買入れ資産は国債，ETF，J-REIT等とした。その後も超緩和策を継続し，2016年には可能なかぎりの緩和策として遂には前代未聞のマイナス金利（△0.1％）の導入まで実行するにいたった[10]。このような厳しい金融環境のもとでも高い資産運用益

---

8)　野村総合研究所ニュースリリース（2016年11月28日）「NRI富裕層調査」。
9)　日銀は2010年10月から「包括緩和策」を実施，市場から国債を買い付け，2012年11月末現在の日銀の総資産残高は156兆円で2005年の約4倍の規模となっている。総資産額のうち111兆円（70％）は日本国債であった。国債買付けによる日銀資産増加と円安の関係は図3.2，図3.3を参照。

の獲得が必要とされる主要な経済主体（企業，金融，家計の3部門）はどのように資産の効率的な運用を進めたか，その実態についてみてみることにしたい。

3.1　企業部門（非金融部門）

　2013年3月，リフレ派の黒田日銀総裁が就任し，異次元の量的・質的金融緩和政策が導入されると，先行きの超緩和状況を期待したマーケットでは一気に株高・円安が進んだ。

　企業はつねに新たな収益源を求め限界まで利益を追求しようとする経済主体であるが，一方で過去の経営危機時の経験から財務の健全性も必須と考えている。企業は日銀の超金融緩和政策による大規模な流動性供給をビジネスチャンスと捉え，とくに大企業を中心に2013年以降，超金融緩和を追い風にして業績の向上に邁進した。これまで日銀が超緩和政策によって市場に供給した流動性は約330兆円以上に上り，日経平均株価は2012年9月（安倍氏の自民党総裁就任時）の9907円から2018年10月には2万3975円（＋242％）となり，円・ドルレートもそれぞれの時点で78円から114円（＋146％）と大幅な株高・円安を誘導した姿となっている。つまり，円安→輸出増→利益増，増加利益金の株投資→株価高騰→株価値増→利益増のサイクルの結果，大企業（主として輸出関連企業）を含む企業部門は空前の利益を計上し内部留保の増大を果たしており，実質内部留保は，2000年の167.8兆円から2017年には446.5兆円（＋192.5％）へと大幅に増加させ，GDPの70％以上の規模になっている。以上の諸緩和策等の成果も含めて企業の内部留保増大の主な要因をあげてみると，

　①円安による輸出企業の利益増（円安による為替益），株価急上昇によるキ

---

10)　アベノミクスの主な金融政策実施状況。
・2013年4月，量的・質的金融緩和の導入：マネタリーベース拡大年間60兆～70兆円に。
・2014年10月，量的・質的金融緩和の拡大：同上年間80兆円に。
・2016年1月，マイナス金利付き量的・質的金融緩和の導入。日銀当座預金△0.1％の付利へ。
・2016年9月，長短金利操作付き量的・質的金融緩和の導入。短期△0.1％，長期0％へ。

ャピタルゲインと評価益増等（株価急騰）。
② 内部留保の活用効果。有価証券等への投資効果，配当金アップ，自社株買い入れ等。
③ 人件費の削減。非正規雇用増大（賃金差別化）→人件費削減→労働分配率の低下（人件費の変動費化）のサイクルで削減。実際には2001～15年で従業員給付は764万円→675万円，労働分配率は62.9％→51.9％へ大幅ダウン（15年間の推定削減額67.1兆円）。
④ 法人税減税（15年間で推定減額30兆円）[11]。

以上の4つが考えられる。

①と②は前述のとおりであるが，③と④については1990年代末からの新自由主義的な政策導入の結果と考えられる[12]。③は従来の日本的な雇用制度を解体して正規雇用を減らし非正規雇用を拡大することで，人件費全体を抑制する政策を実施した結果である。アベノミクス導入後（2013年以降），企業は非正規雇用への切替えを増やし人件費の変動費化を可能とした。このように労働分配率の下落が企業の内部留保の増大に大きく寄与したのである。しかし，このため給与がほとんど増えず，消費も伸びていない。経済は好調と政府は主張するが，国民の大多数は「まったく景況感はない」といわれ続けている[13]。

一方で，東京商工リサーチによれば，大企業で開示企業の役員報酬は，1億円以上は2013年の301人（508億円）が2017年には457人（947億円）へと4年間でほぼ倍増となっている。また，④については消費税増税との抱き合わせで法人税減税を進める政策であり，法人3税の実効税率（東京）が1997年は49.98％であったものが年々減少し2015年には33.06％まで大幅に下がり，大

---

11) 法人実効税率：2013年37％がアベノミクスで2016年には29.97％へ減税，2018年に29.74％へ。

12) 新自由主義的経済：「市場の自由に任せれば経済は最善の形でうまく回る」と考える人々。金融緩和でマネタリーベースを増やせばインフレが起こって経済が成長するという理論。リフレ派，マネタリスト。

13) 正規従業員：非正規従業員の比率は，2012年64.8％：35.2％，2016年62.5％：37.5％。日銀の「生活意識に関するアンケート調査」4半期ごとでも過去6年間，景況感なしが大勢を占めている。

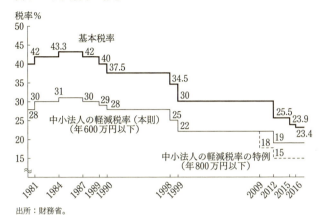

図 3.7 法人税率の推移

出所：財務省。

企業の法人税負担率は史上最低となった。このように大企業の法人税減税分が大きく，いかにアベノミクスが大企業および富裕層寄りの政策であるか，明白となっている。

　企業は先行きの経営環境に不安があれば手許流動性を厚く持つのはつねであり，新自由主義の考えにもとづく経営体ならばなおさらである。しかし，内部留保について留意すべきことは内部留保の増加はいずれ企業全体の資金コストを引き上げ，企業価値の低下要因となることである。内部留保は株主に帰属する資金であり，内部留保を事業資金に充てるならばその事業から株主が期待する以上のリターンの実現が求められる。そのため，株主が期待するリターンは借入れや社債発行といった負債コストより高いのが一般的である。つまり，資金調達に占める内部留保の割合が高い場合は，会社全体の資金コストは上昇することになるのである。現状では企業の保有する資産として海外の投資有価証券（株式）が増加しており，政策的に保有するものや関係会社か企業間での持ち合いの株式が多くなっている。

3.2　金融部門（投資主体等）

　ここでは資金運用面で資本市場・証券市場にかかわる金融資産の運用を中心とする「証券投資信託」，「保険」，「年金」，「公的年金」について投資活動を金

融資産残高の点から概観する。検討期間は2005～17年とし，市場環境を説明する指標としてTOPIXと10年の国債利回りを使用する[14]。

3.2.1 証券投資信託

証券投資信託の金融資産残高は，2005年3月末の66.2兆円から2017年3月末には188.2兆円（2017年12月末は208.2兆円）へと増加している。国内株式市場の好調を受けて株式投信が激増しているからである。株式投信はこの間，海外証券投資部分が40％から60％に増加している。公社債投信は超低金利を受けて残高は横ばいであり，マイナス金利の影響で運用先に窮した資金が現金・預金等で滞留していることは特記される。

3.2.2 保険

生命保険の金融資産残高（65兆円）は国債・財投債が最も多い。貸出分は2015年からは海外証券投資中心へ変わった。民間生保の金融資産残高（約35兆円）は国内上場株式が最も多い。2015年以降は政府機関債や居住者発行外債の残高が上昇してきている。

3.2.3 年金基金

確定給付型年金の残高（約90兆円）は対外証券投資が最も多い。確定拠出型年金への制度変更から確定給付型年金が減少しつつある。

3.2.4 公的年金

公的年金は年金積立金管理運用独立行政法人（GPIF: Government Pension Investment Fund）の規模があまりに大きく，GPIFの資産運用動向が金融部門全体の数値に大きな影響を与えた。公的年金の金資産残高（約230兆円）は財政投融資改革からの移管期間である2005年3月末では財政投融資資金預託金が最大だった。2006年以降はGPIFの基本ポートフォリオに従って国内債券の比率が高く，国債・財投債が60％を占めていた。2014年10月のGPIFの基本ポートフォリオの見直しがあり，国内債券35％，国内株式25％，外国株式25％，外国債券15％となっている。いずれもアベノミクスの政治的支援のための資本市場の活性化策で，恣意的なポートフォリオとなっていないか，注視すべき運

---

14) データは日銀「資金循環統計」より。なお，間接金融の「銀行」，資産運用の仲介機関の「証券会社」は検討から外した。

用であろう。

　以上，金融部門の運用主体を概観してきたが，アベノミクスの超金融緩和施策のもとでは低リスクでの運用はきわめて難しい環境であり，投資効率は総じて低かったとみられる。リスクを取って株高円安の局面を利用して内外の株式投資に重点を置くところもみられたが，国内債券運用では超低金利からマイナス金利の局面で運用には窮する場面もあって，金融資産の運用環境としてはきわめて厳しい状況であったとみられる。

3.3　家計部門

　日本の資産市場のなかで最大のウエイトを占める家計資産について，その資産運用の実態を整理して考察する。まず各世帯の家計資産は金融資産と実物資産に分けられ，実物資産には住宅資産，宅地資産，自動車等の耐久消費資産の3種類があり，金融資産は貯蓄現在高（預貯金，生保，株式など有価証券等）から負債現在高（借入金等）を差し引いたものがある。総務省統計局「平成26年 全国消費実態調査結果」によると，2014年の1世帯当たりの家計資産の内訳は宅地・住宅資産の実物資産の割合が大きく，不動産価格の変動要因はあるものの金融資産の概ね2.5倍となっている。

3.3.1　実物資産の現状

　前掲の図3.6のとおり，宅地・住宅資産の格差が1990年代に大きく縮小したのは，90年代の不動産価格が下落したことにより住宅所有者間での資産格差が縮小したことや，住宅価格が下がり新規に住宅を購入できる世帯が増加したことによるものである[15]。

　2010年以降は地価が横ばいに推移したため実物資産額に大きな変動はなかったが，2018年の地価公示価格では超金融緩和の影響から商業地や都市部の周辺の一部で何年かぶりに地価の上昇がみられた。このように不動産（住宅，土地等）の価格変動により実物資産額が増減するため，土地価格の変動は実物

---

15)　1世帯当たりの宅地，住宅資産額（総務省統計局「全国消費実態調査」）── 1994年：3636億円，659億円，1999年：2677億円，620億円，2004年：2180億円，547億円，2009年：1992億円，523億円，2014年：1832億円，492億円。

価値の変動で増減が説明可能となる。

なお，総務省統計では，土地付き持家の比率は居住所帯の55％で，残りの45％は土地なしであり，地価が上昇すればおのずと資産格差は拡大することになる。実物資産の格差分析はその所在地によって価値が異なるため，同じ資産持ちの間でも資産格差が生じる等，技術的に難しい面が多い。

日本の場合，実物資産としての土地・建物は資産形成手段と認識されていたところがあり，実物資産もリスク資産として十分リスクを取っているとの指摘もあり，この見方に立てば，金融資産の保有行動との間に関係があるかもしれない[16]。

3.3.2 金融資産の現状

まず，金融資産残高についてみてみよう。図3.8のとおり，日銀「資金循環統計」で家計の金融資産残高推移をみると，2008年はリーマンショックの影響で減少したものの，最近では経済環境に応じて増加し，2018年6月末では1848兆円と過去最高を更新している[17]。

また，2014年現在の家計の年代別の金融資産保有額でみると，30歳代で約100兆円，40歳代で210兆円に対し，60歳代では570兆円となっており，1989年比でみると高齢者層への資産の偏在が進行しているのがうかがえる。

金融資産額全体の増加の背景を分析すると，超金融緩和政策による円安基調に加え，公的資金の運用増等を背景に株式市場が好調で，株価上昇による保有資産の評価額アップと好調企業の配当率アップが寄与しているとみられる。懸念される点は，日本は国として対外純資産が世界一でかつ家計部門の金融資産も1809兆円（2017年3月時点）と米国の8400兆円（換算後）に次いで世界第2位でありながら，その資産が十分に生かされている状況とはなっていないことである。

---

16) 日本の場合，土地・家屋の実物資産については保有することでリスクを取っており，ヘッジとして流動性の高い預貯金の保有のウエイトが高くなっているとする説がある。「家計における金融資産と土地・住宅資産の保有の関係」，『大和総研調査季報』2017年春季号Vol. 26 参照。

17) 2016年3月：1809兆円→2017年3月：1829兆円→2018年6月：1848兆円とほぼ20兆円ずつ増加している。

図 3.8　家計の金融資産推移

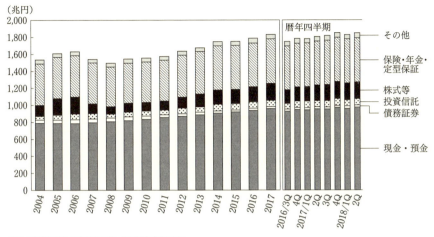

資料：総務省統計局「平成26年 全国消費実態調査」。

図3.9.1および図3.9.2により，2015年の金融資産の構成を欧米と比較してみると，

①日本の金融資産の構成は現金・預金（51.9％）の比率が大きく，株式・投信（18.8％）等リスク資産の比率が欧米諸国と比べ極端に小さい。

②過去20年間の金融資産額の増加は米国3.11倍，英国2.27倍に比し1.47倍と小さい。

③2013年の日本の金融資産の運用利回りは米国の5.5％に比べ0.8％と極端に低い。

という特徴がみられる[18]。

①については，金融広報中央委員会（2017）の調査によると，日本は将来の不安（相続対策等）もあり貯蓄志向が高く，安全性の理由から現・預金の割合が大きく，株式・投信等のリスク性資産の割合は低い。投資に向かうお金の動きはまだ鈍い（投機的な投資行動を避ける）が，収益性を考え始めた層も出始めているが，今後も大きな伸びは期待できない。①の結果，②と③のように運

---

18)　販売・信託手数料は，日本4.73％，米国0.87％と日本が高く，米国の利回りが大（大和総研調べ）。

図 3.9.1 家計の金融資産構成

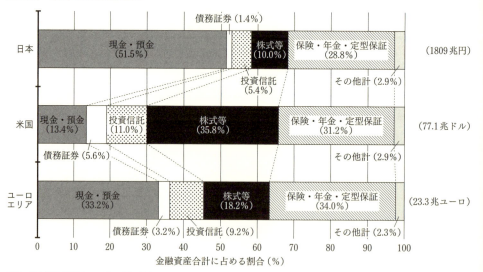

出所：日本銀行（数値は2017年3月末時点）。

図 3.9.2 各国の家計金融資産の推移

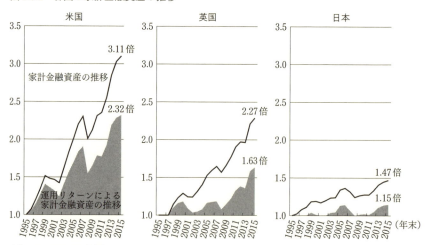

出典：FRB，BOE，日本銀行。
注：1995年＝1（英国のみ1997年＝1）とする。

用益の積み上げが少ないため資産の伸びが小さい。他にもリスク安全資産である現・預金はゼロ金利であり資産積み上げ効果がほとんどないこと、財産所得も少なく欧米に比し1/8にすぎないこと、税制面等の優遇措置（米国のIRA等）も不十分なこと等の要因があげられる。今後、合理的かどうかを見極めつつ投資対象を吟味して効果的な資産配分を検討する必要があろう。

3.4 貧富の差

日本は相対的貧困率[19]が西欧諸国と比してかなり高く、日本の家計の資産格差（金融資産）の実態をみる場合、貧富の差が大きい実情をよく把握することも大切である。

図3.10のとおり、金融資産の有無については金融資産ゼロが31.2%（2016年）と過去最高となったことが特記される。単身世帯の金融資産ゼロは46.4%と高止まりを続けている。2008年リーマンショック時、単身世帯の金融資産ゼロは22.2%であったことを考えれば、マクロ的にみても貧困層は着実に増加している[20]。

貧困層[21]については、1985年12%→2012年16%と貧困率のアップが明白であり、加えて生活保護者数も2009年167万人（約127万世帯）→2018年210万人（約163万世帯）と増加し高水準が続いている。アベノミクスによる就労形態の変化（非正規労働者の激増→低賃金）と高齢化が大きな要因と考えられる。

一方、富裕層でいえば、昨今、起業や資産運用で新たな富裕層が出現し、報道もされて、その実像に関心が集まってきている。しかし、富裕層の資産額や資産分布は公表された統計からは把握できない。一部の民間研究所がマクロ統

---

19) 相対的貧困率とは、等価可処分所得（世帯の可処分所得を世帯人員の平方根で割って調整した所得）の中央値の半分の金額未満の所得しかない人口が全人口に占める比率（OECDの定義）。

20) 金融資産を持つ世帯に限定すれば、最近の株高の恩恵を受けており、二人世帯の金融資産が増えたのは2017年で22.3%から28.6%へ、同単身では35.6%から42.9%へいずれも増えている。

21) 等価可処分所得の中央値の半分未満の所得しかない人びとが貧困層といわれている。日本の場合、2015年6月現在、年間所得が137円未満の層を指す。

図 3.10 金融資産「ゼロ」世帯の割合

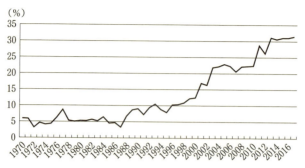

出所：金融広報中央委員会「家計の金融行動に関する世論調査」[二人以上世帯調査]（2017年）。
注：2004年と2007年に調査手法などの変更があり，データは連続しない。

計やミクロ統計等複数の統計を使って富裕層の実態を推計しているというのが実状である（野村総研の推計）[22]。高齢化が進む日本では，公表された統計によれば資産の世代間の偏在が顕著で，金融資産の6割以上は60歳以上の世帯が保有しており，やがて相続による資産の世代間移転がこれから加速化されていくと予想されている。また，近時，富裕層における[23]，超高額所得者（上場会社トップ等）が増加しており，資産家間の資産格差も拡大し始めている。

4　資産格差の拡大について

格差拡大の必然性を指摘したピケティの『21世紀の資本』が米国で爆発的に

---

22) 資産格差の観点から高額所得者の金融資産を調べると，近年その格差が著増している——預金額1億円以上の個人口座数は2010年以降増加しており，2014年で1億円以上は6.8万口，うち3億円以上が700口となっている（総務省「全国消費実態調査」より）。

23) 上位所得者・資産家動向については「スーパースターの理論」——マサチューセッツ工科大学（MIT）のD・オーター（David Autor）教授の「労働分配率の低下とスーパースター企業の興隆」理論で説明されることもある（David Autor, et al., The Fall of the Labor Share and Rise of Superstar Firms, May 2017 を参照）。

売れ，日本ではデフレ脱却を目指した経済政策が格差をさらに拡大していると批判される等，格差に関する論点は多岐にわたっている。マクロ経済政策の観点からは「格差と経済成長の関係」が注目される点である。これまで日本の家計資産の格差の状況を概観してきたが，「格差拡大の経済成長への影響」はどうなものか，2013年のアベノミクス導入後の資産格差拡大の動きと経済の実態等について考察したい。

4.1 資産格差と経済成長の関係

「格差と経済成長の関係」については，原因と結果の観点で，①「経済成長が格差に及ぼす関係」と②「格差が経済成長に及ぼす関係」とに分けて考える必要がある。①については「トリクルダウン理論」が知られているが，この説の妥当性については米マサチューセッツ州立大学アマースト校のJ・クロッティ (James Crotty)[24]をはじめ多くの経済学者が「トリクルダウン理論」にもとづく政策を実行したレーガン＝ブッシュッ流の経済政策は機能しなかったと疑問視しており，現に厳密な意味でこの政策が実現した例は国内外とも乏しいといわれている[25]。

ピケティ (2014) も「資産はフローである所得の蓄積であり，所得格差の累積は資産格差に繋がって行く可能性がある。資産格差には所得格差以上に制約的な性質があり，資産格差の拡大は経済効率や社会のダイナミズムを阻害させる要因となる」(253ページ) として，資産格差が所得格差を生み，それがまた資産格差を拡大させるというメカニズムの存在を主張し，①の考えに異を唱えている。逆に，②については，2014年，従来から新自由主義的な政策を支持し

---

[24] クロッティ (1992)。

[25] 「トリクルダウン理論」という言葉を初めて用いたのは1980年代に米国のレーガン政権で最初の行政管理予算局 (OBM) の長官D・ストックマン (David A. Stockman) であった (ストックマン 1987)。レーガノミックスの背景として，この理論が用いられた。日本では2000年代前半の小泉政権下で実施された政策に色濃く反映していた。米コロンビア大学のJ・スティグリッツ (Joseph E. Stiglitz) や米プリンストン大学のP・クルーグマン (Paul R. Krugman) は実証例でこの理論の間違いを主張している (Stiglitz 2012; Krugman 2014)。

図 3.11　主要国の家計貯蓄率推移

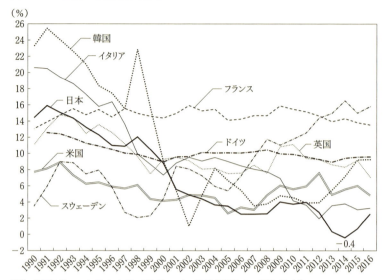

資料：OECD, Economic Outlook, No. 102, November 2017 (OECD Stat 2017. 12. 14).
注：家計貯蓄率＝家計貯蓄÷家計可処分所得（ただし家計貯蓄＝家計可処分所得－家計消費支出）。フランスと英国は家計所得から固定資本減耗を控除する前の総（gross）貯蓄率。国によって最新年の値はOECD推計値の場合もある。

ているとみられていた公的機関のOECDやIMF等から経済格差（所得格差＋資産格差）の存在が経済成長にマイナスの影響があることを実証分析の結果として前面に出した論考が次々に発表され，この考え方は無視できなくなっている[26]。

4.2　アベノミクスと資産格差の拡大

アベノミクス後に金融肥大化が進み，家計部門の金融格差は拡大した。その要因は，第1に2016年のマイナス金利の導入で一層低金利時代となり，金融資産の太宗が預貯金である家計世帯は利子所得が皆無となり，金融資産の積み

---

[26] OECD（2014）報告：加盟国では格差の存在が経済成長率を下げている，との実証研究を発表。IMF（2014）報告：格差が小さい国ほど経済成長率が高く，かつ成長が持続するとの実証報告。

上げができなかったことである。前述のとおり，預貯金の保有目的が不安な将来への備えや老後対策であるため，家計の金融資産の52％以上（約900兆円以上）が金利ほぼゼロの預貯金で放置されており，これが家計の巨大なロスとなっていると推測される。

第2に，アベノミクスでは非正規労働者の割合がさらに増えて労働分配率が下がり，所得格差が拡大したため貯蓄ゼロ世帯が世帯の31.2％超へと急速に増えたことである。

図3.11のとおり，日本の家計貯蓄率は1974年のピーク時（23.2％）からオイルショック後の「失われた20年」の間落ち続け，2014年には貯蓄率がマイナスを記録しており，欧米先進国と比較しても最下位に位置している。中間層世帯の貧困化が進み，さらなる資産格差の拡大が進めば今後，経済的にもブレーキがかかり社会的にも問題となる可能性がある。

第3に，2013年からのアベノミクスにより株式保有の所帯が高収益を享受し，いわゆる「持てる者＝富裕層」だけが利益等を得て，金融格差が拡大していることである。また，富裕層（大企業など役員等）の人数とその報酬額がここ数年来，急速に増加していることである。トップ富裕層は税制優遇のメリット等を最大限享受しており，「機会の格差」，「不公平な格差」という点で好ましい格差とはいえない[27]。

第4に，総務省「全国消費実態調査2014」の年間収入十分位階級で貯蓄率を比較すると，所得が高く階級が上がる人ほど貯蓄率が高く，貯蓄率の積み上げで資産格差は所得格差よりさらに大きくなっている。このように，アベノミクスはいわゆる「トリクルダウン理論」が当然働くとの前提にもとづいた政策であり，前述のとおり過去の例からみても成功した経済政策といえない[28]。

---

27) 社会が活力を持つためには「結果の平等」より「機会の平等」が大切である。
28) 安倍首相のブレーンある浜田内閣官房参与は「アベノミクスはトリクルダウン（浸透）政策である」と述べている（浜田宏一「経済教室」，『日本経済新聞』2014年4月1日付）。

4.3 資産格差拡大のデメリット

ここで資産格差拡大の社会的デメリットを考えみると，①贅沢で無駄な消費や有限資源の無駄使いが増え，大量消費からCO_2の排出等，自然環境破壊を増長すること，②格差拡大はモラル面で好ましくなく，精神的かつ社会的にも不安定性が増すこと，③「遺産のある子孫」と「遺産のない子孫」との間でスタート時から世代間で機会の不平等が発生し，富むものはますます富み，資産ゼロの階層はますます増えるという貧富の差がさらに広がり，不平等，不安定な社会へのリスクがますます増すことである。

格差の拡大は経済成長を高める可能性よりもそれを阻害する可能性が高い。日本の将来を考えると人口減少が続けば高い経済成長率は望めず，増える高齢者からの資産継承がさらに増大することを考えれば，「持てるもの」の資産が増え資産格差はさらに拡大することが予想される。これらのデメリットによる社会の不安定化を防ぐために，ピケティ (2014: 489, 539) が指摘しているように，たとえば課税をめぐる国際的協調や格差是正の対策等を国際的規模で検討実施していくことが必要であろう。

5　まとめ——資産格差社会の課題と対応

格差問題は先進国に共通の構造的問題である。政策当局は金融肥大化のもとで，資産格差の拡大にともない経済的社会的な不平等・不安定化が目立つ現状を正しく分析し，それぞれの問題に対してきめ細かな対応をとることが求められている。いまや，所得格差や資産格差の問題は資本主義社会のなかで重要度の高い政策課題の一つとなっている。

まず，企業について考えると，経営の先行き不安に対し，際限のない「内部留保積上げ」は安心材料の一つではあろうが，前述のとおり「内部留保」は企業経営にとってはアキレス腱でもある。資本主義経済においては，企業が積み上げた内部留保の使途は企業の株主の意向に沿って実行されるものではあるが，株主資本主義，金融資本主義を助長する錬金術の手段として使用せずに，社会的な活用も合わせ検討されることが望ましい。

次に，家計については貯蓄ゼロ世帯を減らし，金融格差の縮小のために，まず

は労働分配率を上げて貯蓄が可能な水準まで収入が上がるような経済構造に変革する必要がある。この点に関しては，企業にも労働分配率を上げて賃金を上げ経済の活性化を図る責任がある。

また，さらに企業の内部留保が進む場合は，政府は資産格差の拡大の制御や財政健全化のための原資とすべく新たに課税制度の見直し，具体的には受取配当金非課税の見直し，法人税・累進所得税の見直しを検討することが必要である。また，社会保障を通じて「所得の分配の公平性」を確保すること，家計資産分布の多様性を図るため将来の生活不安や心配を解消する社会基盤の充実や資産格差の是正を促進するためには，相続・贈与関連税制の整備を進めることが重要であろう。

過去の大きな金融危機時に経験したような世界的な規模での経済危機が発生した場合，日本経済については思い切った経済対策が適時，的確に発動できるような強い財政力の準備がなによりも重要と考えられる。日本の財政赤字は異常なレベルに達しており財政出動の余裕はまったくない。財政力のアップは緊急の課題である。

参考資料・文献等

IMF (2014) *Redistribution, Inequality, and Growth*, IMF staff discussion note.
アトキンソン，アンソニー・B. (2015)『21世紀の不平等』山形浩生・森本正史訳，東洋経済新報社。
岩本光一郎・新関剛史・濱秋純哉・堀雅博・前田佐恵子・村田恵子 (2015)「『家計調査』個票をベースとした世帯保有資産額の推計」，内閣府経済社会総合研究所『経済分析』第189号。
OECD (2014)『格差拡大の真実』小島克久・金子能宏訳，明石書店。
OECD (2014)「特集：格差と成長」雇用労働社会政策局。
北浦修敏 (2015)「世界及び日本の経済格差の現状と原因について」，中曽根平和研究所『平和研レポート2015』。
金融広報中央委員会 (2017)「家計の金融行動に関する世論調査」。
Krugman, Paul (2014) "Inequality Is a Drag", *New York Times*, August 7.
クロッティ，J. (1992)「米国大衆に拒否された"おこぼれ"経済学　衰退する経済にはクリントンも無力か」(平井規之訳)『エコノミスト』第70巻第52号。
厚生労働省「国民生活基礎調査」。
小池拓自 (2007)「家計資産の現状とその格差」，国立国会図書館『レファレンス』68

号,2007年11月。

Stiglitz, Joseph (2012) "America is no longer a land of opportunity", *Financial Tomes*, June 26.

ストックマン,D. (1987)『レーガノミックスの崩壊:レーガン大統領を支えた元高官の証言』阿部司・根本政信訳,サンケイ出版。

総務省統計局「平成21,26年全国消費実態調査」。

内閣府「SNA (国民経済計算)」。

内閣府「年次経済財政報告」。

日本銀行「資金循環統計」。

櫨浩一 (2015)「巻き起こる格差議論:ピケティ『21世紀の資本』の意味」,『ニッセイ基礎研究所レポート』4月号。

ピケティ,トマ (2014)『21世紀の資本』山形浩生・守岡桜・森本正史訳,みすず書房。

深澤映司 (2015)「格差と経済成長についてどのように考えるか」,国立国会図書館『レファレンス』769号。

みずほ総研「日本の格差に関する現状」(2015年8月)。

宮本佐知子 (2007)「富裕層の実像を探る」,野村資本研究所『資本市場クオータリー』秋号。

コラム　貧富の格差は是正されるか　　　　　　　　　長島勝廣

　国際的NGOのオックスファム[1]が2019年初にスイスで開催のダボス会議に合わせて世界の資産格差は2018年にさらに拡大との推計を発表した[2]。世界で最も富裕な8人が最も貧困な36億人分と同額の資産を所有しているという内容である。ビリオネア（個人資産が10億ドル以上の長者）の数は世界金融危機直後の2009年の793人から2018年には2208人と2.8倍に，その資産は2兆8330億ドルから9兆600億ドルと3.2倍に膨れ上がり，2018年は毎日25億ドル増え続けた計算になるという。資産格差の拡大は急テンポだ。理由としては，グローバル企業の悪質な租税回避，ICTによる生産手段の独占，資本の集中，富裕層への優遇税制等が挙げられているが，格差縮小への動きはまったく見られない。

　一方，OECDの直近のデータで富の格差をみると，その国のトップ10％が占める富の割合は米国が一番で約80％，EU諸国では独の約60％を筆頭にオランダ，デンマーク等かなり高い。最近の「黄色ベスト運動」のフランスは50.6％とあまり高くないのに，庶民の生活苦から暴動が起きている。日本は41％とOECDのなかでは富の格差は小さい方である。

　しかし，2018年末発表の野村総研の日本の富裕層と資産額のレポートでは，2017年の日本の富裕層世帯（純金融資産1億円以上）は127万世帯で，その資産額は299兆円，株高を主因に2015年比10％も増加したと推計している。今後，欧米のように新自由主義がますます浸透すれば日本でも長者が増えて貧富の格差は一層拡大していくとみられる。

　富裕層はなぜ「富」に興味を持つのだろう。どのような社会でも富裕層は資金と時間，スキルを使い，より彼らにとって望ましい政策が買えるからか。「相続・贈与」により富の集中が果たせるからか。新自由主義的価値観の台頭するもとでは富裕層の優位性を抑制する装置は働かない。トマ・ピケティの『21世紀の資本』が示唆するように，制御機能のない資本主義の暴走を止めるのは息の長い「知性」しかないのだろうか。（2019. 1. 30記）

1) 国際的NGOオックスファムとは，1942年英国のオックスフォードで設立された世界90か国以上で活動する国際協力団体。世界18か国に拠点を持ち，貧困を克服しょうとする人々を支援し，貧困を出す状況を変える活動をしている。
2) Oxfam, *Public good or private wealth?*, Oxfam Briefing Paper, January 2019.

第4章　経済をも疲弊させるホワイトカラーの長時間労働
——「働き方改革」で労働生産性の向上は可能か——

松浦　章

はじめに

　「働き方改革関連法」が，2018年6月29日の参院本会議で可決，成立した。安倍晋三首相は2018年通常国会を「働き方改革国会」と位置づけ，法成立に強い意欲を示してきた。ところが政府は，裁量労働制をめぐる厚生労働省の調査データの不備が多数見つかった問題を受け，裁量労働制の適用範囲拡大については断念せざるをえなかった。データ問題への批判が高まるなか，関連法案の骨格部分とはいえ，削除しなければ国民の理解は得られないと判断したからである。しかし，高収入の一部専門職を労働時間の規制から外す「高度プロフェッショナル制度」の導入や，過労死ラインを超える残業時間の上限規制などについては，野党の反対を押し切り採決を強行した。

　「高度プロフェッショナル制度」の導入では，初めて労働時間規制を取り払うという点で，日本の労働慣行は大きな転換点を迎えたと言える。

　労働時間規制撤廃の必要性について，八代尚宏は，かねてより次のとおり主張してきた[1]。

　「労働時間に関しては，主として集団的なブルーカラーを想定した工場法時代からの細かい規制がいぜん残っており，賃金を労働時間と厳密に結びつける規制は，個人の自律的な働き方を必要とするホワイトカラー労働の現状には見合わないものとなっている。」

　「労働者の地位が向上した現代社会では，個人がどのような働き方を選ぶかは，原則としてその自由裁量に委ねるべきであろう。」

　しかし，「ホワイトカラー労働者の地位が向上し，自律的に働いている」と

---

1)　八代 (1999) 108, 136-137 ページ。

いう見解は正しいのであろうか。さらに、このことを前提として創設された「働き方改革法」は、はたして長時間労働の是正につながるのであろうか。また、根本的な問題として、「日本経済の再生を実現するために」進めようとする安倍政権の「働き方改革」は、長期不況の克服や「生産性向上」を可能とするのであろうか。

本章では第1に、政府・財界がなぜ「働き方改革」を進めようとするのか、「働き方改革実行計画」の具体的な内容と「生産性」に対する経済界の考え方からその本質を探る。第2に、制度導入の背景に、長年にわたるアメリカ政府・財界の圧力とそれに呼応した日本政府・財界の思惑があることを明らかにする。第3に、長時間労働をめぐるさまざまな論点を見る。そして第4に、日本経済再生に向けた長時間労働解消の方途を考える。

1 「働き方改革」の目的

働き方改革法は、労使の代表が参加した「働き方改革実現会議」の実行計画に沿ってつくられた。この「実行計画」の内容を見てみよう[2]。

「働き方改革実現会議」は、2016年9月、「働き方改革の実現を目的とする実行計画の策定等に係る審議に資するため」開催されることとなったものである。安倍総理自らが議長を務め、麻生副総理、菅官房長官、榊原日本経団連会長、神津連合会長などが構成員となっている。

同会議が、2017年3月28日策定した「働き方改革実行計画」では、経済社会の現状について次のように述べている。

「我が国の経済成長の隘路の根本には、少子高齢化、生産年齢人口減少すなわち人口問題という構造的な問題に加え、イノベーションの欠如による生産性向上の低迷、革新的技術への投資不足がある。日本経済の再生を実現するためには、投資やイノベーションの促進を通じた付加価値生産性の向上と、労働参加率の向上を図る必要がある。そのためには、誰もが生きがいを持って、その能力を最大限発揮できる社会を創ることが必要である。

---

2) 松浦 (2018①) 75-77ページ参照。

一億総活躍の明るい未来を切り拓くことができれば，少子高齢化に伴う様々な課題も克服可能となる。家庭環境や事情は，人それぞれ異なる。何かをやりたいと願っても，画一的な労働制度，保育や介護との両立困難など様々な壁が立ちはだかる。こうした壁を一つひとつ取り除く。これが，一億総活躍の国創りである。」

この現状分析のどこにも，過労死問題や長時間労働で疲弊する労働者に思いをはせる言葉が出てこない。「付加価値生産性の向上」「労働参加率の向上」が最優先の課題であって，そのために「生きがいを持って」「能力を最大限発揮」してもらわなければならないと言うのである。

次に，働き方改革の意義について次のように述べている。

「日本経済再生に向けて，最大のチャレンジは働き方改革である。『働き方』は『暮らし方』そのものであり，働き方改革は，日本の企業文化，日本人のライフスタイル，日本の働くということに対する考え方そのものに手を付けていく改革である。多くの人が，働き方改革を進めていくことは，人々のワーク・ライフ・バランスにとっても，生産性にとっても好ましいと認識しながら，これまでトータルな形で本格的改革に着手することができてこなかった。その変革には，社会を変えるエネルギーが必要である。

安倍内閣は，一人ひとりの意思や能力，そして置かれた個々の事情に応じた，多様で柔軟な働き方を選択可能とする社会を追求する。働く人の視点に立って，労働制度の抜本改革を行い，企業文化や風土を変えようとするものである。

改革の目指すところは，働く方一人ひとりが，より良い将来の展望を持ち得るようにすることである。多様な働き方が可能な中において，自分の未来を自ら創っていくことができる社会を創る。意欲ある方々に多様なチャンスを生み出す。」

要は「生産性向上のためには企業文化や風土を変えなければならない。そのためには労働制度の抜本改革が必要だ」ということである。たしかに「実行計画」は，「仕事と子育てや介護を無理なく両立させるためには，長時間労働を是正しなければならない」と長時間労働の問題にも言及している。しかしそれはあくまでも，長時間労働の是正が「単位時間（マンアワー）当たりの労働生産性向上につながる」という理由からである。

以下は結論である。

「働き方改革こそが，労働生産性を改善するための最良の手段である。生産性向上の成果を働く人に分配することで，賃金の上昇，需要の拡大を通じた成長を図る『成長と分配の好循環』が構築される。個人の所得拡大，企業の生産性と収益力の向上，国の経済成長が同時に達成される。すなわち，働き方改革は，社会問題であるとともに，経済問題であり，日本経済の潜在成長力の底上げにもつながる，第三の矢・構造改革の柱となる改革である。」

このように，働き方改革は「社会問題であるとともに，経済問題」だと位置づける。しかもアベノミクスの「第三の矢・構造改革の柱」なのだから，すべての企業はなにより経済成長のために，この方針を全面実践すべきだと言うのであろう。

2　経済界が考える「生産性」とは

それでは，経済界は「働き方改革」をどう受け止めているのであろうか。まず，日本経団連であるが，2017年度『経営労働政策特別委員会報告』(以下「経労委報告」と記す)の表題は「人口減少を好機に変える人材の活躍推進と生産性の向上」である。問題意識はやはり「生産性向上」にあると言える。同報告「わが国の労働生産性の現状」の項では次のように現状を分析している。

「日本生産性本部によると，2014年のわが国の労働生産性（就業者1人当たりのGDP）は，主要先進5ヵ国において最下位であった。OECD平均と比較すると，製造業は平均を上回ったものの，全産業では大幅に下回っており，ホワイトカラーの多い非製造業の労働生産性が低いことが理由の一つと考えられる。」[3)]

日本は「労働生産性が低い」，この現状を打開するのが安倍政権の「働き方改革」の理由の一つだというのである。

ではそもそも日本経団連の言う「労働生産性」とは何なのか。

「経労委報告」によれば，「労働生産性」とは「就業者1人当たりのGDP」であ

---

3)　日本経団連 (2017) 8-9 ページ。

図 4.1 付加価値の内訳

売上高	・人件費	人件費	付加価値	(純付加価値)
	・賃借料 　→地代家賃・リース料等 ・(支払特許料) ・金融費用(金融収支) 　→支払利息・割引料等 ・租税公課 　→固定資産税・登録免許税等 　→法人税・住民税 ・配当金 ・内部留保等	企業運営費 経常利益		
	・減価償却費	減価償却費		
	・原材料費 ・部品費 　(商品仕入額) ・外注加工費 ・運賃などの製造経費	外部から 購入した部分		

出所:公益財団法人日本生産性本部ホームページより。

る。つまり，企業がその活動を通じて新しく生み出した「付加価値」を生産性の指標として，それが他の先進国より低いことを問題視しているのである。それでは「付加価値」とは何か。

「経労委報告」が引用している日本生産性本部の定義は次のとおりである。

「付加価値とは，生産額(売上高)から原材料費や外注加工費，機械の修繕費，動力費など外部から購入した費用を除いたものです。一般に，企業は原材料など外部から購入したものを加工したりして製品を販売しますが，その際にさまざまな形で手を加えることによって新たに付け加えた価値を金額で表したものが付加価値になります。」

これを図示したものが図4.1である。

さらに「付加価値は人件費として労働に分配され，利益や配当などとして資本にも分配されます。生産性向上の成果をどう分配するかという問題を考えるにあたっても，付加価値労働生産性が重要な指標のひとつと考えられています」[4]とも述べている。

GDPは国内で生み出される付加価値の総額であるが，付加価値の内訳とし

図 4.2 実質賃金指数の推移の国際比較（1997年＝100）

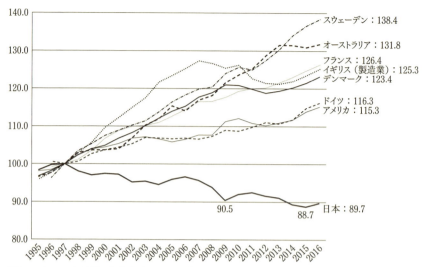

出所：oecd. stat より全労連が作成（日本のデータは「毎月勤労統計調査」によるもの）。
注：民間産業の時間当たり賃金（一時金・時間外手当含む）を消費者物価指数でデフレートした。オーストラリアは2013年以降、第2・四半期と第4・四半期のデータの単純平均値。仏と独の2016年データは第1～第3・四半期の単純平均値。英は製造業のデータのみ。

ては企業の利潤（経常利益）に加えて，労働者の賃金（人件費）も大きなウェイトを占めている。

　日本の1人当たりGDPが他の主要先進国に比して低いことは事実である。OECDの統計によると2018年度の日本の国民1人当たりGDPは26位（名目GDP，USドル換算）であった。この点は日本経団連が指摘するとおりである。しかし，それではなぜ日本の1人当たりGDPは他の先進国より低いのか。

　ここに日本経団連の「経労委報告」が意識的に触れようとしない論点がある。

　日本経済の長期停滞の一要因である消費需要の低迷とその原因の一つである労働者の実質賃金の下落傾向についてである。

　OECDのデータに真摯に向き合ったならば，企業の利潤の動向と併せて，賃金の推移にも目を向けざるをえない。しかし，日本経団連は1人当たりGDP

4）　以上は，日本生産性本部（2019）「生産性とは」より引用。

と労働者の賃金との関係については一切言及しようとはしない。

　では日本の労働者の賃金水準は国際的に見てどうなのか。

　図4.2は1997年を100とした場合の実質賃金の国際比較を表わしたものである。スウェーデン，オーストラリアをはじめ仏，英，丁，独，米の先進7か国の賃金がこの間に上昇し続けているのに対して，日本の労働者の賃金は1997年をピークに下がり続けている。

　一方，1人当たりGDPはどうか。労働者の賃金が国際的にみて比較的高かった1990年代のOECD統計を見ると，日本は概ね3〜4位（名目GDP，USドル換算）で推移しており，2000年には第2位となっている。それが2001年には5位，2002年には9位としだいに順位を下げ，第一次安倍内閣が成立した2006年には20位に落ち込んでいる。今日，第二次安倍内閣のもとではさらに低下し26位にまで順位を下げた。

　実質賃金の低下とともに国民1人当たりのGDP順位も低下していることになる。これは偶然ではないであろう。実質賃金が低下すれば，購買力が低下し消費が低迷し，経済の停滞を招くからである。GDPのほぼ6割を占める家計消費の落ち込みは，経済の長期停滞の原因であるだけでなく，国民1人当たりのGDPの停滞と無関係ではないと言えよう。

　だから日本経団連が，1人当たりGDPの水準を生産性のメルクマールにして，OECD統計から日本の生産性の低さを問題にするのであれば，併せて，当然，労働者の賃金水準の状況にも目を向け，その低さをも問題にすべきなのではなかろうか。端的に言って，労働者の実質賃金の引き上げをはかれば，家計が潤って消費が伸び，経済の好循環が生まれ，必然的に国民1人当たりGDPも上昇することとなる。解決策はそこにあるのではないか。

　それは困難なことであろうか。財務省が2018年9月3日発表した2017年度の法人企業統計によると，大企業（金融・保険業を含む，資本金10億円以上）の内部留保は425.8兆円で，前年より22.4兆円増えている[5]。賃金の低下と反比例し，大企業の利益は拡大し続けているのである。内部留保のごく一部を吐き出すだけで賃金引き上げは可能だと言えよう。

---

　5)　『しんぶん赤旗』2018年9月4日付。

しかし，日本経団連の解決策はそうではない。「働き方改革」導入の目的に「生産性」の向上を上げてはいるが，その内実は成果主義を煽って人件費を節約し，ひたすら利潤拡大に血道をあげているのである。

3　損保業界の「働き方改革」から「生産性向上」を検証する

筆者がかかわる損害保険業界の状況から，日本経団連の方針を検証してみよう[6]。損保業界は，2010年から金融持ち株会社のもとに経営統合され，3メガ損保グループがマーケットシェアの90％を占めるという先進国にはまれな寡占体制となっている。MS＆ADインシュアランスグループホールディングス（三井住友海上，あいおいニッセイ同和損保など），東京海上ホールディングス（東京海上日動，日新火災など），SOMPOホールディングス（損保ジャパン日本興亜など）の3グループである。

損保ジャパン日本興亜は，「働き方改革の全体像」を次のように位置づけている。「働き方改革とは，生産性を高めて時間を創出することで，個人の充実・成長を促し，会社のさらなる生産性向上や質を伴った成長に繋がる，という好循環を作り出す取り組みです」（2017年7月28日「『働き方改革』の推進策」）。

東京海上日動も「働き方の変革全体像」を，「『時間は有限である』という考えを前提に限りある時間の中で最大限の成果を発揮すべく，『時間当たりの生産性』を高める」（2017年3月10日「働き方の変革ポータルサイト」）こととしている。さらに東京海上ホールディングスの永野毅CEOは，「働き方改革」は成長戦略であって，労働環境の改善が目的ではないと言う。

「当社の働き方改革は，労働環境の改善ではなく，社員の働き甲斐に重点をおいた会社の成長戦略そのものとして取り組んでいる。」

「少子高齢化の中で，社員は出産，育児，介護等，様々な課題や制約を抱えながら，共通の『目的』に立ち向かうことになる。どんな制約があろうとも，"社員の成長"と"会社の成長"を両立するためには，社員と会社が協力し，『目的を共有した上で仕事に取り組む意識』と，それを支える『仕組み』を変

---

6)　松浦（2018①）77-79ページ参照。

えていかなければならない。」(2018年8月21日「働き方改革の考え方（哲学）」)

「哲学」と称するこの言葉は，ある意味政府が進めている「働き方改革」の本質を突いたものとは言えるが，業界リーディングカンパニートップの発言だけに，損保の労働現場への影響は大きい。

また三井住友海上は，働き方改革の実践課題として，2017年4月から退社時間を遅くとも原則19時とすることをルール化しているが，同社大阪の労使協議では以下のやり取りがなされている。

〈労組・副委員長〉

「一部の職場では『19時退社』のみのイメージが先行して認識されており，『働き方改革』の先にある『目的』や『ビジョン』を理解しないまま取組が進められています。」「『働き方改革』を全ての組合員・社員が前向きに取組むためには，マネジメント層の意識改革と適切な旗振りが極めて重要であり，『働き方改革』の趣旨・目的の正しい理解と適切な職場運営に向けたマネジメント層の継続的な教育・指導をお願いします。」

〈会社・本部長〉

「『19時退社』ではなく，生産性を高めることが『働き方改革』の目的であることをまず理解してほしい。効率的に働き，品質を向上させ，お客さま対応をしっかり行い，予算達成し，19時退社を実現させることが目標である。マネジメントの意識改革が重要であり，しっかりと指導していく。」(2017年7月「三井住友海上労働組合大阪分会ニュース。」太字，アンダーライン等原文のママ)

「働き方改革」の目的を何よりも，時間当たりの「生産性向上」とし，それを労使で共有するのみならず，もっと社員に徹底するよう労働組合から会社に求めているのである。なお，同社は19時までの早帰り（決して早くはないが）を働き方改革の目玉としており，19時以降残業を行う場合は課長を飛び越して部長の承認を必要とするほどの徹底ぶりである。マスメディアもこの政策には注目し各社大きく取り上げているが，一方で早朝6時台の出勤が相次いでいることはまったく報じられていない。仕事量は減っていないのであるから，そのしわ寄せがどこにいくかは当然予想されることであろう。

損保業界の進める「働き方改革」のプログラムは，日本経団連の掲げる企業利益偏重の「生産性拡大」路線そのものと言えよう。このように経済界が，

OEGDのデータを恣意的に活用し,「働き方改革」の名のもとに一層の効率化を進めようとしている以上,「働き方改革法」の成立は, 労働条件の改善どころかさらなる長時間労働と過労死の促進に道を開くものと断ぜざるをえない。もちろん, 第2節で述べたとおり賃金を含めた「付加価値総額」を高めることが目的ではないわけであるから, 1人当たりGDPを引き上げることにもつながらないであろう。

ところで, 利益偏重の一面的な「生産性向上」のために労働基準法を抜本的に変えるという方針はここにきて唱えられたものではない。このような政策が企図されてきた歴史的な背景を見てみよう。

4 政府・財界の雇用・労働政策の歴史

牧野富夫は, ホワイトカラーに対する「合理化」の徹底・強化が全産業で顕著になったのは, 第一次石油ショック後の1970年代半ば以降の「減量経営」下であり, その後, 1980年代の「臨調路線」と「構造調整」によっていっそう加速されたと言う[7]。そして, さらにそれが非正規労働者の増大などの「雇用の劣化」にまで至るのは, 大きくは1990年代半ば, 規制緩和の流れがアメリカの圧力と相俟って政府と財界の中心政策となりはじめてからであろう。規制緩和の柱として, 金融, 証券, 保険, 農業, 教育, などとともに雇用・労働問題がクローズアップされてきたのである。

今日の雇用・労働問題を語るとき必ず引き合いに出されるのが, 1995年の日経連 (当時, 現日本経団連) 報告書,「新時代の『日本的経営』——挑戦すべき方向とその具体策」である。この日経連報告は, 各企業の雇用形態を, ①長期蓄積能力活用型グループ, ②高度専門能力活用型グループ, ③雇用柔軟型グループに分け, ①以外はいわゆる終身雇用を前提とせず, 労働力の流動化を図るというのが主な内容であった。

小越洋之助は, 1993年1月のパイオニア管理職35名指名解雇[8]に端を発し本格化した, 中高年ホワイトカラー・中間管理職へのリストラ・「合理化」策が

---

7) 牧野 (1999) 80ページ。

成功したこと，および，このとき「連合」系企業別組合がこの人減らし「合理化」に協力したことがこの報告書立案に影響を及ぼしたと述べている[9]。

さらに小越は，「財界は1990年代以降，長期間継続してきた終身雇用や年功賃金という日本の雇用慣行を縮小させ，『労働時間から成果』をスローガンとして労働者に競争と労働強化をもたらす能力＝成果主義を強調してきた。したがって財界のこの政策は日経連だけでなく，経済同友会や社会経済生産性本部に共通したものとなっている」と，財界全体の共通の要求・政策であったことを明らかにしている[10]。

事実，日経連に呼応するように1996年には経団連（当時）の会長，豊田章一郎が，『魅力ある日本の創造』と題したいわゆる「経団連ヴィジョン」を発表した。雇用問題について，豊田は，「雇用政策のパラダイムを，これまでの同一企業グループにおける雇用の安定から，社会全体における就労機会の確保に転換する必要がある」と終身雇用の見直しを主張した。さらに「雇用関連規制の抜本的見直しや企業年金のポータブル化（転職しても勤続年数を通算して企業年金を受け取れる制度の導入）などを通じて主体的な転職の円滑化を図る」と労働法制の「改正」に言及し，「裁量労働の対象業務の範囲の拡大」，「労働者派遣事業の対象業務を原則自由とすること」，「有期雇用の上限最長1年の制限を撤廃し，3年から5年を認めること」など，企業にとってのみ使い勝手のよい制度への転換を強く求めた[11]。

現状を見れば，政府の全面的なバックアップのもと，財界の意のままに雇用・労働政策が推移してきたことがよくわかる。その結果，40％以上の労働

---

8) 小越 (2006) 158ページ。音響機器有力メーカーのパイオニアが35人の管理職に対して，本人の意思を無視して早期退職を勧告した。これは指名解雇と言われ，ホワイトカラーの雇用不安を引き起こす契機となった。
9) 同上，106ページ。希望退職，配転・出向・転籍，定年年齢切り下げなどさまざまな手法・プロセスで人減らしが実施された。「連合」系企業別組合のなかには自ら人員整理の提案を行ったところもあった。この時期から財界は大企業における終身雇用の縮小＝雇用の流動化へと大きく足を踏み出した。
10) 同上，109ページ。
11) 豊田 (1996) 56-60ページ。

者が非正規雇用で働かざるをえない今日の状況がつくりだされたのである。雇用の流動化の面では，こうした財界の目的は果たされたかに見える。

　正規雇用者の賃金についても見直しが進められ，すでに前掲の日経連「報告」でも，「わが国においては，ブルーカラーの生産性は高いがホワイトカラーの生産性は低い」と，今日に至る利益偏重の「生産性向上」に言及していた。そのための対策の一つは，成果主義賃金体系の導入であり，もう一つが本章で問題としている労働時間管理の「改革」であった。「労働時間の長さに重きを置くのではなく，働いた成果によって従業員の仕事ぶりを評価し処遇するとの視点に切り換えることが必要である」と言い，つづけて「そのことによって，従業員の意識が変わり，仕事と余暇のメリハリのある生活の実現が可能となる」と，多様な働き方と労働時間短縮を打ち出したのである。

　財界の雇用政策のバイブルとも言える日経連「報告」が出されて20数年が経過した。雇用は流動化し，成果主義も大企業の8割以上が導入済みという。それでは労働時間はどうなったであろうか。「労働時間短縮」と「メリハリのある生活」は実現したと言えるのだろうか。

5　日米政財界の悲願であった「働き方改革」

　日本の長時間労働は欧米に比べいまも飛び抜けている。政府はしきりに労働時間が減少したと言うが，これは非正規雇用の増大による労働時間の長短二極分化によるものである。見せかけの減少があるとはいえ，総務省の「労働力調査」によれば直近の年間総労働時間はなお2000時間を超えている。厚生労働省「毎月勤労統計調査」でも1700時間台である。ドイツ，フランスが1300〜1400時間台で推移していることから考えてもその異常さは際立っていると言えよう[12]。さらに「労働力調査」の2000時間と「毎月勤労統計調査」の1700時

---

12)　労働政策研究・研修機構「データブック国際労働比較 2015」によると，1人当たり平均年間総実労働時間（就業者）は，2013年度，日本が1735時間，フランスが1489時間，ドイツが1388時間となっている（日本は厚生労働省「毎月勤労統計調査」による）。

間の差，およそ300時間の大半は日本特有のサービス残業と考えられる[13]。

さらに問題は，正規労働者の長時間労働である。森岡孝二は，過去3回の「社会生活基本調査」から，表4.1に掲げるとおり，日本における「正規の職員・従業員」の週当たりの労働時間を示した。あわせてOECDの労働時間統計から，他の主要先進国のフルタイム労働者の労働時間をあげている。これによれば週当たりで日本の男性は米英より約10時間（年約500時間），独仏より約12時間（年約600時間）長く働いている。

表4.1 フルタイム労働者の労働時間の国際比較[14]

		2001年	2006年	2011年
日本	男性	50.9	52.5	53.1
	女性	42.9	44.9	44.1
アメリカ	男性	43.0	42.9	42.5
	女性	40.3	40.3	40.2
イギリス	男性	45.1	43.8	43.6
	女性	40.2	39.6	39.6
ドイツ	男性	40.3	40.6	40.9
	女性	38.6	38.5	38.6
フランス	男性	39.1	40.1	40.3
	女性	37.4	37.7	38.2

出所：「社会生活基本調査」，OECD：Average Usual Weekly Hours, 2012.

森岡は，同調査2011年の週53.1時間という男性正規労働者の労働時間（年間ベースでは約2761時間）は，「労働力調査」における1950年代半ばの労働時間とほとんど変わらないと言う。

どこが労働時間短縮なのか。国際的にみてもいびつな日本の長時間労働は，戦後から今日まで少しも変わることなく続いてきたということである。

「労働時間の長さに重きを置くのではなく」という日経連「報告」のさきの一文は，厳密に言えば，「割増賃金を支払わねばならない労働時間」ということであろう。しかし日本の大企業は，サービス残業という名の，あたかも労働者が自主的にサービスするかのような装いをこらした不払残業の常態化によって，割増賃金の支払いを怠ってきた。成果主義の導入で「自発的な働きすぎ」がどれだけ広がろうとも，残業料を支払わないかぎりは，彼らが長時間労働を問題視することはなかったのである。もともと労働時間の短縮が目的ではなく，

---

13) 小倉（2013）は，「労働力調査」は「事業所が回答する『毎月勤労統計調査』とは異なり，調査回答者本人が『就業時間』を回答しているため，いわゆるサービス残業の時間も含まれると考えられる」と言う（230ページ）。

14) 森岡（2016）56ページ。

「効率化」という利益偏重の「生産性向上」が唯一のメルクマールであったからである。

ところが，言うまでもなく，サービス残業は企業にとって違法行為である。いくら「労働者が勝手に働いている」といってもいつまでも通用するものではない。2001年4月6日に労働基準局は，「労働時間の適切な把握のために使用者が講ずべき措置に関する基準について」と題する通達を出した。その趣旨は，労働時間の把握に係る自己申告制の不適切な運用などにともない，使用者が労働時間を適切に管理していない状況が見られるというものであった。労働基準局は，労働時間管理での企業の責任を明確にし，労働者の自主申告が事実上過少申告を余儀なくされていることを厳しく指摘したのである。さらに今後は始業・終業時刻の確認および記録の原則的方法として，タイムカード，ICカード等の客観的なデータを基礎として確認し記録することを求めた。同時に，立ち入り検査により違法な労働時間管理を摘発，不払いの残業料を支払うよう多くの大企業に命令を下してきた。

損害保険業界に立ち入り検査が集中し始めたのは，2004年頃である。その結果，各社とも不払残業料の遡及支払いは言うに及ばず，「36条協定」違反残業の根絶，適切な労働時間管理システムの構築などの厳しい指摘・指導をうけた。一連の摘発は，法違反の残業料不払労働を前提とした企業活動がもはや通用するものではないことを，あらためて指し示した。従来の姿勢は許されなくなったのである。

とはいえ，財界にとっては「時間当たりの成果・利益」が錦の御旗である。サービス残業に対して割増賃金を支払えば，もちろん時間当たりの賃金は高くなる。それはどうしても避けたい。ここで出てきたのが「裁量労働制」の対象拡大であり，さらには「ホワイトカラーエグゼンプション」などの労働時間規制適用除外制度であったと考えられる。

一方，アメリカの政府と財界はこの問題にどう関与しているのであろうか。アメリカ政府は，1994年から毎年「年次改革要望書」で日本政府に規制緩和要求を突きつけてきた。その結果，日本の構造改革と呼ばれる政策の大半は，その要望通りに実施されてきた。それでは雇用・労働政策はどうであったのか。ここでは，小泉内閣のもとで2001年に設置された「日米投資イニシアティ

ブ」15)の内容からアメリカ政府の要求を検討してみたい。

2006年6月発表された「日米投資イニシアティブ」報告書では「労働法制」について，以下のように書かれている。

「米国政府は，労働移動を促すことが組織の価値の極大化を図る上で重要であると指摘し，この観点から次の四点を挙げた。

第一に，米国政府は，確定拠出年金制度の拠出限度額の引き上げ，給与天引きでない従業員拠出を認めること（中略）。

第二に，米国政府は，解雇紛争に関し，復職による解決の代替策として，金銭による解決の導入を要請した。

第三に，米国政府は，労働者の能力育成の観点から，管理，経営業務に就く従業員に関し，労働基準法による現在の労働時間制度の代わりに，ホワイトカラーエグゼンプション制度を導入するよう要請した。

第四に，米国政府は，労働者派遣法による規制については，限られた時間の仕事や職場（選択）の自由を希望するものを含む労働者により多く雇用の機会を提供する必要があるとの観点から，これを緩和すべきであると指摘した。」

こうしたアメリカ政府の要望に対し，次に日本政府の回答が記されている。

「これらに対し日本政府は，以下のように回答した。（中略）労働基準法には，労働時間制度の原則を超える労働をさせる場合，労使協定を結んだうえで割増賃金を払わなければならないという規定がある。ただし，経営者と一体的な立場にある労働者については，これを管理監督者として本規定の適用除外にするとともに，働き方の多様化に伴い，スタッフ職についても管理監督者に含めて運用で適用除外としている。さらに，日本政府は，緩やかな管理の下で自律的に働くことを可能とする制度及び上記適用除外の在り方についても検討を行っていく方針である。」

「解雇の金銭解決」や「さらなる派遣の拡大」，そして「ホワイトカラーエグ

---

15) 2001年6月，当時のブッシュ米大統領と小泉総理によって，「日米両国における外国直接投資の環境を改善するための意見交換の場として設置」（同報告書）されたものである。

ゼンプション制度導入」という「雇用問題」が列挙されている。この明け透けなアメリカ政府の要望に対して，「緩やかな管理の下で自律的に働くことを可能とする制度及び上記適用除外の在り方についても検討を行っていく」という慎重な表現ではあるが，「ホワイトカラーエグゼンプション」導入の方針を明らかにしていたのである。

　整理すれば，アメリカ政財界の要望に日本経団連等が呼応し，それに日本政府が全面的に応えた雇用政策が当時の労働ビッグバンの内容であったと言える。そしてその大きな柱の一つが「ホワイトカラーエグゼンプション」であった。

　こうして歴史を振り返ってみれば，今日の「働き方改革」は，いわば日米政財界の20年越しの悲願であって，労働分野における規制緩和の総仕上げであったと言えよう。

　とはいえ，政府は「働き方改革法」を成立させるにあたって，表面上は社会問題となっている長時間労働の解消をあげざるをえなかった。それでは，「高度プロフェッショナル制度」の導入や，今後持ち出されるであろう「裁量労働制」の拡大は本当に長時間労働の解消につながるのであろうか。

6　長時間労働の「自発的」要因と「非自発的」要因

　日本の長時間労働問題については，これまでさまざまに議論されてきた。全体としては，長時間労働に問題意識を持ち，その原因分析と改善のための政策論争が中心である。小倉一哉は次のように言う。「日本の労働時間に関して，『もっと長いほうがよい』と思う人は少数派ではないだろうか。研究は本来，政治的に中立であるべきである。しかし現状が長時間労働の蔓延とそれによる弊害が無視できない状態にあるということは，中立的な研究を出発点としつつも，"問題を解消する"という目標を持って臨まなければならないと考える」[16]。

　まさにその通りであろう。そして，長時間労働解消のためにはまず，日本の労働者がなぜ他の国に比べて長時間働くのか，あるいは働かせられているのかを明らかにしなければならない。これまで長時間労働の要因としてあげられて

---

16)　小倉 (2008) 15ページ。

きたのは，日本の労働法制度の問題，業務量の多さや成果主義の問題，経営者や管理職の労働時間管理の問題，日本的経営に付随する問題，また労働者の勤勉性の問題など多種多様である。

鶴光太郎は，自発的長時間労働と非自発的長時間労働とを区別し，個々の労働者の労働供給決定という視点から長時間労働の要因について分析した[17]。長時間労働の要因を理論的に整理する場合，重要なのはそれが本人の自発的な意志にももとづいたものなのか，そうでないのか，つまり「自発的」長時間労働と「非自発的」長時間労働の区別が必要だというのが鶴の見解である。

自発的長時間労働の要因として鶴があげるのは，
1 仕事中毒（仕事が純粋に好きで長時間労働をまったく厭わない）
2 金銭インセンティブ（残業代を含めた自らの所得を増加させることを目的）
3 出世願望
4 人的資本の回収
5 プロフェッショナリズム

である。

また，非自発的長時間労働の要因としては，
1 市場の失敗
2 職務の不明確さと企業内コーディネーションによる負担
3 雇用調整のためのバッファー確保
4 自発的長時間労働者からの負の外部効果

をあげている。

鶴はそのうえで，長時間労働の要因は多種・多様であり，自発的長時間労働の存在を考えると，長時間労働＝悪と決めつけることは短絡的考え方であると言う。したがって，政府が労働時間の規制，介入を行うとすれば，自発的長時間労働よりも非自発的な長時間労働を問題視すべきであり，日本的企業システムの根幹にかかわる部分や自発的長時間労働者による「負の外部性」，ひいては企業文化に起因する部分については，政府の規制や介入で是正することは必

---

17) 鶴（2010）5-9ページ。

ずしも容易ではないとする。

　佐藤厚は，長時間労働を，仕事管理，雇用管理，労働時間管理という視点から分析している。佐藤の見解は概ね次のとおりである[18]。

　　長時間残業が発生する要因を分析した結果は，第一に「所定労働時間内では片付かない仕事量だから」が最も多く指摘され，これに次ぐのが「自分の仕事をきちんと仕上げたい」であった。このことを要約すると，従業員はもとより管理者でも仕事量の多いことが残業発生の最大の理由として認識している。だが他方で「自分の仕事をきちんと仕上げたい」ので残業が発生するという理由も少なくない。一定の業務量の処理には一定の労働投入量を必要とする。これが基本式である。しかしこの基本式だけで長時間労働に説明をつけるのは単純にすぎる。作業量と作業時間を標準化しやすい職場はともかく，ホワイトカラーの労働世界は単純化を許さない複雑さを併せ持っている。
　佐藤は，この分析結果から浮かび上がってくるのは，仕事で成果が出るまで働きたい社員，残業代を家計に組み入れる社員，生活とのバランスをとりたいが，管理職や同僚が残っているのでやむなく職場に残っている社員などが節度なきルールのもとで業務遂行する職場のありようであるとし，これを改善するものとして「節度あるルール」づくりを提唱する。
　「節度あるルール」の要諦とは，第一に仕事管理の適正化，第二は時間制度の多元化であり，具体的には，時間にとらわれずに成果を追求したい者，仕事と生活とのバランスをとりながら働きたい者，それぞれのニーズを尊重した働かせ方のルールだと言う。
　鶴も佐藤もホワイトカラー労働者の労働時間規制には否定的である。これらの見解を検討してみよう。

7　労働者は「自発的に」長時間働いているのか

　鶴の言う「自発的長時間労働」については，本当にこれらの要因が「自発的」であるのかということを考える必要があろう。

18）　佐藤（2008）29-36ページ。

まず,「仕事中毒」を考えてみよう。労働者ははたして,喜んで長時間労働を選択しているのであろうか。熊沢誠は,膨大な数の過労死・過労自殺の事例をあげ,その視座から80年代以降の日本の労働史を描いた。そのなかで,次のように労働者の「自発的」な働きすぎの側面に目を向けている。

「現代の労働が言葉の厳密な意味において奴隷労働でない限り,過労死であれ過労自殺であれ,それらは働きすぎを要請する企業の論理に対する,労働者のいくばくかは自発的な対応の結果として現れるのだ。過労死・過労自殺は総じて,この『階級なき』日本の労働者になじみの『強制された自発性』から生まれる悲劇の極北なのである。」[19]

熊沢は,この「自発性」の内容は労働者の類型によって相違があるものの,多くの営業職などの場合は「働きすぎはなによりも働かせすぎであった」とし,「ここでは『強制された自発性』という表現が不適当に思われるまでに,働き方における主体性や自発性は逼塞させられているかにみえる」と,責任感のつよい働き手を死に追い込んだ企業の責任をきびしく追及している。

牧野広義も,「過労死・過労自殺」の一因として,労働者のなかでの「強制された自発性」をあげている。

「特定の労働者が『過労死・過労自殺』にいたるのは,責任感が強く誠実に働く有能な労働者に,企業が過重な労働を課し,ノルマの達成を個人の責任にしてしまい,労働者が自分の身体的・精神的な限界を超えてもなお責任を果たそうとする場合である。……しかし,企業や労働組合が労働者の限界に達していることを知り,それを救済する手だてをとっていれば,『過労死・過労自殺』は防げるはずである。しかしその手だてをとるどころか,場合によっては上司らによるハラスメントが加わることもある。『過労死・過労自殺』はその意味で『強制された自発性』から生れる。」[20]

たしかに,「仕事が純粋に好き」であったり,佐藤の言う「自分の仕事をきちんと仕上げたい」という思いが労働者にあったりすることは否定しない。労働現場では多くの労働者が(とくに若者は)よい仕事がしたいと願っていると思

---

19) 熊沢 (2010) 364ページ。
20) 牧野 (2010) 135-136ページ。

うからである。しかし、それが適正な仕事量であれば異常な長時間労働や過労死は起こりえない。「過重労働」の要請による「強制された自発性」が「過労死・過労自殺」の要因という見方こそが的確といえるのではないだろうか。

「金銭インセンティブ」についてはどうであろう。

日本経団連は，2005年6月21日に発表した「ホワイトカラーエグゼンプションに関する提言」において，「仕事の成果と，労働時間の長さが必ずしも合致しないという特質がある」とし，成果に応じて処遇を行う成果主義賃金制度が合理的で，労働者にとっても公平間が保てモチベーションも上がると主張した。その論拠は，「非効率的に長時間働いた者は時間外割増賃金が支給されるので，効率的に短時間で同じ成果を上げた者よりも，結果としてその報酬が多くなるといった矛盾が生じる」[21]というものである。

しかし、こんなことを大真面目に取り上げ論じる日本経団連は、本当に労働現場の状況がわかっているのであろうか。成果主義賃金制度はすでに大企業の80％に導入されている。残業が多ければ（正確に言えば残業料が多ければ），能力がないと叱責され、昇格や賃金にストレートに反映する人事評価制度がつくりだされているのである。大企業のホワイトカラー労働者の多くは，非効率的に長時間働き多額の時間外割増賃金を濡れ手に粟で受け取れるような恵まれた状況にはない。

労働者が、「仕事中毒」や「金銭インセンティブ」で「自発的」に残業するのだから、労働時間規制をすべきではないという考え方は、結果として、「労働時間を労働者の自由裁量に」という日本経団連の考え方と一致することとなる。

これまでの議論を踏まえ、長時間労働問題解決の方向を整理すれば、

(1) 従来の「労働時間概念」[22]を覆し、労働時間を「労働者の自由裁量」に委ねたうえで解決を職場レベルでのマネジメントに求める。つまり、法的な労働時間規制は従来以上に極力緩和する。導入された「高度プロフェッシ

---

21) 日本経団連 (2005) 5ページ。
22) 「労働時間概念」に関する行政解釈や通説は、労働者が「使用者の指揮命令下に置かれた時間」としている。その理論的特徴は、手待ち時間のように現実に作業に従事していない時間であっても、労働するために使用者の明示または黙示の指揮監督下にある以上労働時間と解するというものである。

ョナル制度」がその典型である。
(2) これまでの「労働時間概念」を踏まえ，現状の法制度のなかで，あるいは新たに労働のルールを確立するなかで，長時間労働・サービス残業を規制する。

に二分されると考えられる。

つまり，労働時間をめぐる今日の議論の中心は，ホワイトカラー労働者の労働時間規制は時代にそぐわない，自由裁量とすべきだとの主張の是非をめぐってのものであると言えよう。それは同時に，労働時間とは「労働者が使用者の指揮命令下に置かれた時間」であるとする，現行「労働時間概念」を「非」とするか「是」とするかの問題でもあろう。

8　労働者の立場からのコンプライアンス運動

これまでみてきた「働き方改革」の企業対応と長時間労働問題の議論とをふまえ，長時間労働・サービス残業解消に向けての方策を考えてみたい。

第一に，企業にコンプライアンス・法令遵守を徹底させることである。いま，どの大企業もコンプライアンスを口にする。「企業の社会的責任」（CSR）の第一にコンプライアンスを掲げる企業さえある。法律を守ることは当たり前のことであって，ことさらに「企業の社会的責任」と胸を張れるようなことではないが，ともかく大々的に「コンプライアンス行動規範」を掲げ，法令遵守を唱えている。そうであれば，「企業は自らの宣言通り労働基準法を守れ」という，いわば「労働者の立場からのコンプライアンス運動」が必要ではないだろうか。

日本損害保険協会「行動規範」の基本原則には「法令等遵守（コンプライアンス）の原則」がある。「法令・ルールについては，その制定された目的も充分に理解してそれを誠実に遵守し，社会の期待に応える」と宣言し，会員各社は事業の経営にあたって「原則を遵守するとともに，役員および従業員の業務遂行についても，この原則が遵守されるように努めることとする」[23]としている。形式上法律を守るだけではなく，法律が制定された目的も充分理解し，損保各

---

23) 日本損害保険協会（2018）6ページ。

社が遵守するよう求めているのである。

　しかし，そこまでコンプライアンスを従業員に求めるのであれば，その前に，まず会社・業界自らがその宣言通り従業員に対する法令遵守を徹底する必要がある。森岡孝二が指摘するように，サービス残業は「被害金額と被害人数から見れば日本における最大の企業犯罪であり，コンプライアンス違反」[24]なのである。

　三井住友海上は，「働き方改革」法案が国会で可決される前の2018年4月に「36協定」年間限度時間をそれまでの350時間から540時間に引き上げた（いずれも特別条項適用の場合）。これは，「働き方改革」法案で，過労死ラインを超える「上限規制」が設けられることを前提に，その先取りが行われたものである。同社は，「36協定と目標限度時間」と題した通達（2018年4月）において，限度時間まで引き上げられる〈特別な事由〉として，「広域災害（台風，地震等）の対応，大規模クレームの対応，決算など」をあげている。

　しかし，なぜこの時期なのか。第3節で述べたように「生産性を高めることが『働き方改革』の目的である」という同社の考え方からすれば，「働き方改革」法案で過労死ラインを超える上限規制が設定されることは渡りに船となったにちがいない。現に「36協定」上限引き上げの会社提案について，三井住友海上労組は「会社提案は現在審議中の労働基準法改正案（時間外労働の上限規制720時間）よりも短く，組合員・社員の健康に一定配慮した水準であることから，理解できなくはありません」[25]と述べている。

　「36協定」上限引き上げの恐れは，月100時間，年間720時間未満という上限規制が法案に盛り込まれたときから危惧されていたことである。この問題は，『東京新聞』が2018年6月19日付夕刊で「働き方改革　引き上げ懸念」と大きく取り上げ，「むしろ，法の範囲内で上限残業時間を引き上げる企業が増えないか懸念されている」と述べている。同紙上で，森岡孝二も「懸念が現実となった。法改正に呼応して，三井住友海上のように残業の上限規制を引き上げる企業が出てくる可能性がある。今後，危惧される先例だ」ときびしく指摘した。

---

24)　森岡（2010）237ページ。
25)　三井住友海上労働組合（2018）。

本来，長時間労働をなくすはずの法律が，逆に過労死を助長しかねない。それがすでに大企業で現実のものになっている典型と言えるのではないだろうか。「形式上法律を守るだけではなく，法律が制定された目的も充分理解」すべきという日本損害保険協会の原則から言えば，明らかにコンプライアンスに抵触するものと言えよう。

　問題にすべきはいわゆる「ブラック企業」だけではない。「過労死の根を断つ」ためには，名だたる大企業の実態把握こそが必要である。労働時間や時間管理制度に関して，労災等の裁判から個別事例が浮かび上がることはあっても，企業や産業レベルにおけるその実態が実証的に示されることはほとんどない。その結果，その事実の確認にもとづいて原因，対策を講じることを困難とさせているからである。

　厚労省は2015年5月，社員に違法な長時間労働をさせた企業を，書類送検前であっても公表できる制度を導入した。しかし，実際の社名公表は，導入後1年半でわずか1件にとどまったという（『朝日新聞』2018年7月16日）。過労死が発生したり，違法な制度や労働実態が明らかになったりした場合は，すみやかに公表する仕組みへの改善が必要であろう。残念ながら，いまの大企業に自浄能力があるとは思えないからである。

9　国際基準の労働ルール確立を

　第二は，「まともな働き方」（ディーセントワーク）を実現するルールの確立である。労働時間の規制緩和ではなく，現在の異常な長時間労働・賃金不払労働を是正する厳しい規制こそが必要だということである。

　森岡孝二は，「すべての男女に1日2時間，1週6時間，1ヵ月24時間，1年150時間を超えては残業しない権利が保障されれば，過労死・過労自殺はなくなる。それだけでなく，女性の社会参加と社会的活躍の条件，男性の育児参加や家事参加の条件ともども大いに改善される可能性がある」と述べ，労働時間の上限規制が健全な経済社会の発展につながると一貫して主張してきた[26]。

---

26)　森岡（2015）228ページ．

ドイツで30年近く生活し，経済，政治，文化について研究を行ってきたジャーナリストの熊谷徹は，次のように労働時間規制の必要性を強調する[27]。
　「2012年の日本では，就業者1人あたりの1年間の平均労働時間は1745時間だった。これに対しドイツは1393時間で，約20％も短い。……これに加えて，日本ではサービス残業が多いことも忘れてはならない。……サービス残業や，家への持ち帰り仕事はOECDの統計では把握されていない。そのため，日本の実際の労働時間は，OECDが出した数字よりもさらに長くなると思われる。」
　「なぜドイツの労働時間は短いのだろうか。その最大の理由は，政府が法律によって労働時間を厳しく規制し，違反がないかどうかについて監視していることだ。」
　熊谷によると，ドイツの企業で働く社員の労働時間は，1994年に施行された「労働時間法」によって規制されており，平日1日当たりの労働時間は8時間を超えてはならない。1日当たりの最長労働時間は，10時間まで延長することができるが，その場合にも6ヵ月間の1日当たりの平均労働時間は8時間を超えてはならない。さらにドイツでは，労働安全局（日本の労働基準監督署に相当する）が立ち入り検査を行って，企業が労働時間法に違反していないかどうか厳しくチェックを行っているという。違反が発覚すると経営者は罰金を課せられ，企業イメージに深い傷がつくことになる。
　熊谷は，「いわゆるブラック企業や過労死，過労自殺の放置は，G7（主要国首脳会議）に参加する法治国家の名折れである。そのためにも，労働基準監督署の権限を強化し，ブラック企業に対する摘発を厳しくするべきだ」[28]と指摘している。
　これらの方策に対して財界・大企業はおそらくこう言うであろう。「国際競争に勝つためにはひたすら効率化を図らなければならない。長時間労働や非正規雇用の存在もやむをえない」と。しかし本当にそうであろうか。日本の1人当たりGDPは前述のとおり26位（2018年，名目GDP，USドル換算）である。一

27）　熊谷（2015）71-72ページ。
28）　同上，170ページ。

方，北欧4国は1人当たりGDPが日本より上位であるが，これらの国に長時間労働はない。企業の労働生産性を考える場合，資本装備率や技術革新などの指標も無視できないが，まずはなによりも長時間労働を是正することが先決だと言えるのではないだろうか。

日本の労働慣行は，「高度プロフェッショナル制度」の導入によって，初めて労働時間規制を取り払うという点で大きな転換点を迎えた。森岡孝二は，過労死ラインを超える「上限規制」という「労働時間の直接規制」緩和と合わせ，「高度プロフェッショナル制度」を「労働時間の間接規制」緩和につながるものだと指摘し，次のとおりきびしく批判した。

「現状でも賃銀不払残業（サービス残業）の横行や，名ばかり管理職の乱用や，裁量労働制の適用拡大や変形労働時間制の運用によって，残業代の支払い義務の対象労働者が狭められています。各種の調査によれば正社員の3割は残業代の一部または全部が支払われていません。そのうえ，残業代の計算には賞与や諸手当が入らないので，現行の残業代の割り増率（通常25％）では，企業は残業を満額払っても，仕事量が増加した場合，新規に人を雇うより，現在いる労働者に残業をさせた方が安くつくという問題もあります。そこへもってきて，今度は高プロ制で一定の労働者を労働時間規制の対象から外し，使用者の労働者に対する残業代の支払い義務を免除しようとしています。これは労働時間の間接規制に大穴を開けるものです。」[29]

「労働時間の間接規制」緩和の問題で言えば，大手損保会社には，共通して「みなし労働時間制」が導入されており，長時間労働とサービス残業の隠れ蓑となっている。「みなし労働時間制」とは，実際の労働時間にかかわりなく，あらかじめ労使で決めた「所定の労働時間」を労働したものとみなす制度で，「企画業務型裁量労働制」，「専門業務型裁量労働制」，および「事業場外労働制」がこれにあたる。そのうち大手損保で導入されているのは，「企画業務型裁量労働制」と「事業場外労働制」であるが，いずれもまっとうな制度とは言えない。時間管理の労働者については，「働き方改革」による効率化で残業料を削減する。相対的に高賃金の「みなし労働時間制」適用者には，定額のみな

---

29) 森岡孝二 (2017)。

し労働時間手当てで好きなだけ働いてもらおうという図式である。

しかし，それでは社員のロイヤリティもモチベーションも高まらず，生産性は低下する一方になりかねない。高橋伸夫が言うように，「その会社にいて，自分の10年後の未来の姿にある程度の期待ももてないような人が，その会社の10年先のことを考えて仕事をするわけがない」[30]のである。

財界・大企業がこれほど「グローバリズム」を唱えるのであれば，そろそろ日本の働き方も国際基準にすべきであろう。

おわりに

労働現場では，労働者はみんなよい仕事がしたいと思っている。損保業界で言えば東日本大震災がまさにそうであった。当時，多くの損保会社・社員が，求められる社会的使命を果たそうと，2週間から3週間単位の泊まり込み体制で，地震保険の調査・支払いにあたった。大阪から行った若手社員は，最初，一面がれきの被災地のあまりの惨状に声もなかった。しかしやがて，ご家族が亡くなられて全損になった建物の写真を撮影するときには，合掌と黙とうをしてから撮影を始めるようになったという。また，仙台の現地対策本部で損保の仕事を見てきた東北大学などの学生アルバイトが，損保で働きたい，損保会社を受験したいと言い始めたという[31]。

2018年には，6月の大阪北部地震，7月の西日本豪雨，9月の台風21号と24号，さらには北海道胆振東部地震と，大災害が日本列島を襲った。被災地には全国から多くの損保会社・社員が支援にかけつけ，地震保険，火災（風水災）保険の調査・支払いにあたった。

これらの大災害で損害保険会社が支払った保険金は1兆5695億円にのぼっている（2019年3月末現在，除地震保険）[32]。保険の加入者だけとはいえ，これだ

---

30) 高橋（2004）51-52ページ。
31) 松浦（2014）177ページ。
32) 日本損害保険協会「2018年度発生した風水災に係る各種損害保険の支払い件数・支払保険金」2019年5月20日。

けの保険金が短期間で被災者の手元に届くことの意味はきわめて大きい。

　しかし，今回の大災害を通じて損保業界がかかえている問題もまた浮き彫りになっている。最大の問題は，この間の人員削減によって，損保労働者がぎりぎりの人員で無理を重ねてきたことである。災害に備える産業が災害で機能不全に陥ったとしたら論外であるが，現実はそうなってしまっている。"想定外"という便利な言葉を，体制不備の免罪符にしてはならない。

　この仕事に誇りを感じている若者が本当に未来に希望をもてる，そんな企業・産業にすることが求められている。そのためには，若者を疲弊させ苦悩させる，長時間労働の解消こそが急務である。それではじめて，真の「生産性向上」が実現するであろう。

引用・参考文献
あいおいニッセイ同和損害保険 (2017)「企画業務型裁量労働制ガイドブック」。
大阪損保革新懇 (2019)『次の10年へ　状況を変えよう』。
小倉一哉 (2008)「日本の長時間労働」，『日本労働研究雑誌』2008年6月号，労働政策研究・研修機構。
小倉一哉 (2013)『「正社員」の研究』日本経済新聞社。
小越洋之助 (2006)『終身雇用と年功賃金の転換』ミネルヴァ書房。
熊谷徹 (2015)『ドイツ人はなぜ，1年に150日休んでも仕事が回るのか』青春出版社。
熊沢誠 (2010)『働きすぎに斃れて』岩波書店。
厚労省労働基準監督署 (2001)『HOWTO労働時間マネジメント』労働調査会。
佐藤厚 (2008)「仕事管理と労働時間——長時間労働の発生メカニズム」，『日本労働研究雑誌』2008年6月号，労働政策研究・研修機構。
損害保険ジャパン日本興亜 (2013〜2017)「労働時間対策」。
損害保険ジャパン日本興亜 (2017)「『働き方改革』の推進策」。
髙橋伸夫 (2004)『虚妄の成果主義』日経BP社。
鶴光太郎 (2010)「労働時間改革——鳥瞰図としての視点」，RIETI Discussion Paper, 2010年1月。
東京海上日動火災 (2017)「働き方の変革ポータルサイト」。
東京海上日動火災 (2018)「働き方改革の考え方（哲学）」。
豊田章一郎 (1996)『「魅力ある日本」の創造』東洋経済新報社。
日経連 (1995)「新時代の『日本的経営』——挑戦すべき方向とその具体策」。
日本経団連 (2005)「ホワイトカラーエグゼンプションに関する提言」。
日本経団連 (2017)『経営労働政策特別委員会報告』経団連出版。

日本生産性本部 (2019)「生産性とは」(ホームページ)。
日本損害保険協会 (2018)『ファクトブック2018 日本の損害保険』。
働き方改革実現会議 (2017)「働き方改革実行計画」。
牧野富夫 (1999)『「日本的経営」の崩壊とホワイトカラー』新日本出版社。
牧野広義 (2010)「労働と人間の尊厳」,『経済』2010年10月号,新日本出版社。
松浦章 (2012)「今日の労働時間問題とマルクス」,鰺坂真・牧野広義編著『マルクスの思想を今に生かす』学習の友社。
松浦章 (2014)『日本の損害保険産業　CSRと労働を中心に』桜井書店。
松浦章 (2018①)「『働き方改革』の本質と労働基準法『改正』の危険性」,『季論21』2018冬号,本の泉社。
松浦章 (2018②)「災害列島日本で　国民・消費者のための損害保険産業めざして」,『前衛』2018年11月号,日本共産党。
松浦章 (2019)「森岡孝二の描いた未来――時間は人間発達の場」,『季論21』2019冬号,本の泉社。
三井住友海上労働組合 (2017)「大阪分会ニュース」。
三井住友海上労働組合 (2018)『Message職場会資料版』。
森岡孝二 (2010)『強欲資本主義の時代とその終焉』桜井書店。
森岡孝二 (2015)『雇用身分社会』岩波新書。
森岡孝二 (2016)「労働時間の決定における労使自治と法的規制」,『日本労働研究雑誌』No. 677, 12月号,労働政策研究・研修機構。
森岡孝二 (2017)「政府・厚労省の働き方改革法案は働かせ方改悪法案」,NPO法人働き方ASU-NETホームページ「森岡孝二の連続エッセイ」第336回,2017年9月10日。
八代尚宏 (1999)『雇用改革の時代』中公新書。
労働政策審議会 (2015)「今後の労働時間法制等の在り方について (建議)」
労働政策審議会 (2017)「時間外労働の上限規制等について (建議)」
労働政策審議会 (2017)「働き方改革を推進するための関係法律の整備に関する法律案要綱」

コラム　価値観が変わる　　　　　　　　　　　　　　　　松浦　章

　筆者の長男は，農機具メーカーのK社に勤務し，4年前からオランダに赴任している。オランダを拠点に，月の半分はイタリア，フランス，ドイツや北欧に出張するという生活を送っているが，本人は海外勤務が性に合ったのか，日本に帰ってくる気はなさそうである。最初の1年間は単身赴任で，3年前に妻と子ども二人もオランダに移り住んだ。

　妻は衛生陶器メーカーT社の総合職として大阪に勤務していた。T社には，配偶者が海外勤務する場合3年を限度に休職できるという制度があり，それを活用してオランダに転居したのである。T社では残業や出張も多く，長男がオランダに単身赴任中は，ほぼ毎日わが家に孫娘二人がやってきた。なにせお互いのマンションが徒歩4分ほどの距離だったのである。

　さて，会社規定である3年の期限が近づき，彼女は，帰国し職場復帰するかオランダで生活するかの選択を迫られることとなった。元々仕事が好きで，10年以上働いてきたキャリアを捨てることにも躊躇があったようである。しかし彼女が出した結論は，オランダで家族とともに生活するというものであった。なにがその決断をもたらしたのか。彼女はこう言った。「価値観が変わりました。」

　オランダの人たちは日々の生活を大切にする。家族とともに過ごす時間がなにより重要なのだ。日本のような長時間労働など考えられない。そのことを3年間の生活で体現した彼女は，悩みながらも退職を決断した。

　長男も同様である。たしかに各国に出張しなければならないという点では，語学の習得も含め苦労があるであろう。しかし，オランダにいる時は定時で帰宅する。有給休暇は完全に取得し，子どもたちとともに各国を旅行もする。日本のK社ではこうはいかない。

　いま彼女は，地域のミニコミ誌の編集に携わるなどボランティア活動もしながら地域にとけこもうとしている。彼女の決断に拍手を贈りたい。

　ちなみに，本文で触れている国民1人あたりGDPであるが，長時間労働のないオランダは13位と日本の26位を大きく上回っている。

第5章　長期不況下における所得分配構造

山口雅生

はじめに

　2012年に誕生した安倍政権は，デフレ基調の日本経済からの転換を目指して，大胆な金融政策と財政政策と経済成長戦略を同時に実行した。輸出と設備投資を主導とした景気改善や消費税増税にともなってインフレ率がプラスに転じたものの，まだ本格的なデフレ脱却とはいえない状況が続いている[1]。官製春闘とよばれる政府主導による賃上げの呼びかけによって名目賃金の上昇は生じているが，実質賃金率は停滞したままである。過去20年間実質経済成長率は年平均で0.7％（1996-2016年）であったが，それに比べて労働者が受け取る実質所得（雇用者報酬）成長率は，0.1％（同期間）であった。1990年代以降の日本経済はまさに失われた20年といわれている状況であり，景気回復の実感がともなっていない[2)3)]。ではなぜ長期にわたり労働者の受け取る所得が成長

---

1) 2015年基準の消費者物価指数（食料（酒類除く）およびエネルギー生産価格を除いたもの）の推移をみると，2013年まではマイナス，2014年は＋1.8％，2015年は＋1.0％，2016年は0.3％，2017年は0.0％であった。日本銀行は2018年7月のレポートで，「物価上昇率の高まりに時間を要している背景には，長期にわたる低成長やデフレの経験などから，賃金・物価が上がりにくいことを前提とした考え方や慣行が根強く残っていることがある。」と指摘する。本章ではマクロ経済の需要不足が本質的にデフレの要因であると認識している。
2) 日本銀行の「生活意識に関するアンケート調査」によれば，現在の景況感DIと1年後の景況感DI（良くなった（良くなる）―悪くなった（悪くなる））は，過去20年間ほぼマイナスの値をとっている。暮らし向きDI（ゆとりがでてきた－ゆとりがなくなってきた）は，過去20年間△31.7～△62.6の間の値をとっている。
3) 内閣府の2008 SNAデータによると，1996年と2016年の実質GDPはそれぞれ450.7兆円と522.6兆円，実質雇用者報酬はそれぞれ262.7兆円と269.4兆円であった。実質雇用者報酬は，消費者物価指数でデフレートしている（前掲注1参照）。

しなかったのか。それによって日本の所得分配構造はどう変化したのか。その変化が経済成長にどう影響を及ぼしたのか。家計は労働所得の低迷に対してどのように対応したのか。

1節で1980年代以降の雇用状況をみていき，その変化の特徴を示しながら，なぜ所得が1990年代後半以降成長しなかったのかを論じる。2節では，配当と経常利益が大きく増えるなかで，人件費比率が低下していることを示す。3節では人件費削減が，1990年代後半以降の雇用者の所得分布や所得格差にどのように影響したのかをみていく。4節では世帯とその所得分布の変化をみていき，5節で結論を述べる。

1　1980年代以降の労働市場

1.1　非正規雇用の増加と企業の雇用戦略の転換

図5.1は1980年以降の実質経済成長率，失業率，非正規雇用者比率の推移を示している。1980年代に4.6%（81-90年平均）だった経済成長率は，バブル崩壊後の1990年代（91-2000年平均）には1.2%，2000年代（2001-2010年平均）には0.8%，2010年代（2011-2017年平均）には1.1%と，1990年代以降停滞している。バブル崩壊後完全失業率は急激に上昇し，1991年の2.1%から2002年には最高の5.4%となるまで記録した。景気の回復とともに2008年までは低下が続いたが，リーマンショック後の不況で再び上昇し2010年に5.0%となった。その後の景気改善と少子化による生産年齢人口の減少の影響を受け，失業率は低下傾向となり，2018年は2.3%となった。

バブル崩壊後の90年代は，景気の悪化と地価が低下するなかで不良債権問題が深刻化し，企業経営が圧迫された。売上げの低迷が続きバブル期に大量採用された雇用が企業にとって重荷になり，雇用削減が進められた。正規雇用が減少する一方，失業者と非正規雇用者が増加した。1995年に20.9%だった非正規雇用者比率が2000年には26.0%となった（図5.1）。表5.1の雇用形態別雇用者の推移をみると，1997年から2002年にかけて正規雇用が326万人減少し，非正規雇用が254万人増加し，2002年から2007年にかけても正規雇用が93万人減少し，非正規雇用が320万人増加した。1990年代後半期から2000年半ば

図 5.1 完全失業率，実質経済成長率，非正規雇用者比率の推移

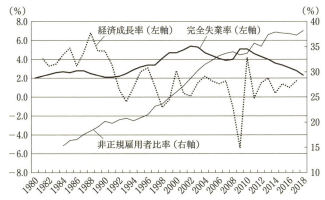

出所：総務省『労働力調査』『労働力調査特別調査』『労働力調査詳細結果』，内閣府『GDP速報』より作成。

注：完全失業率は年平均値を用いている。非正規雇用者比率は役員を除く雇用者に占める非正規雇用の比率である。非正規雇用者比率は2001年までは毎年2月調査，2002年から2018年は1～3月平均を用いている。2011年は福島岩手宮城を除く数値で10～12月平均である。2009年までの成長率は『平成22年度国民経済計算確報』から，2010年と2011年の成長率は『平成23年度国民経済計算確報』から2005年基準のものであるため，2010年以降とそれまでとは接続されていない。

表 5.1 雇用形態別雇用者数の推移　　　　　　　　　　　　　　　　（単位：万人）

	雇用者数		正規の職員従業員		非正規の職員従業員		内パート・アルバイト	
1997年2月	5,349	増減	3,812	増減	1,152	増減	945	増減
2002年1～3月平均	5,297	−52	3,486	−326	1,406	254	1,023	78
2007年1～3月平均	5,521	224	3,393	−93	1,726	320	1,165	142
2009年1～3月平均	5,472	−49	3,386	−7	1,699	−27	1,132	−33
2012年1～3月平均	5,524	52	3,334	−52	1,805	106	1,250	118
2017年1～3月平均	5,750	226	3,385	51	2,017	212	1,416	166
2018年1～3月平均	5,867	117	3,432	47	2,117	100	1,479	63
2019年1～3月平均	5,945	78	3,457	25	2,162	45	1,513	34

出所：1997年2月は『労働力調査特別調査』から，それ以降は『労働力調査詳細結果』より作成。

にかけて非正規雇用者が大きく増加した背景には，不況の深刻化という要因に加えて企業の雇用戦略の大きな転換があった。これまでの正規雇用中心の長期雇用システムである，いわゆる終身雇用制度を弱めて，派遣労働者，契約期間が数年の契約社員などの短期的な非正規雇用の活用や，パートアルバイトなどの短時間労働者の活用を急速に進めた。つまり低賃金で解雇や雇用打ち切りが

容易な非正規雇用と，企業の中核を担うような正規雇用の最適な組み合わせ（雇用ポートフォリオとよばれている）を選択するという新しい雇用戦略を導入した時期であった[4]。

　この戦略にもとづき景気の調整弁として非正規雇用が調整されたのは，リーマンショック後の不況期であった。表5.1をみると2009年の雇用者数は2007年に比べて正規雇用は7万人減，非正規雇用は27万人減となっていた。そのうち派遣労働者数は2007年から2009年にかけて1年ごとに121万人，145万人，116万人と，2008年から2009年に29万人という大量の雇い止め（いわゆる派遣切り）が生じた。

　2000年代半ばから2010年代半ばまでは，2000年代前半のような激的な変化は収まったものの正規雇用の減少と非正規雇用の増加傾向が続いた。しかし2014年以降は，少子化による若年労働力の不足もあり，企業の新卒労働市場での雇用獲得競争が激化し，正規雇用者数が増加に転じた。だが2010年代後半には，正規雇用の増加以上に非正規雇用者数が大きく増加して，非正規雇用比率が2019年に38.5％と過去最高となった。

　非正規雇用を増加させた90年代後半以降の企業の雇用ポートフォリオ戦略は，多様な働き方を促し，女性労働力や高齢者労働力の増加を促した。一方で，派遣や契約社員として働く人には，いつ仕事がなくなるかわからないという不安を与えた。とくに若年労働力が非正規雇用になると，正規雇用への転職が難しいことや訓練が少ないこともあり，スキルの獲得が十分でないまま年齢を重ねることになる。同時に低賃金かつ不安定雇用ゆえに，生活不安が大きく，将来の生活設計が立てにくくなる[5]。

---

4) 旧日経連の『新時代の「日本的経営」』では，日本の経済成長の鈍化，円高，アジアを中心とする途上国の経済発展などの経済環境の変化により，従来の高コスト体質である日本的経営を見直すことでコスト削減を促進することを指摘している。「長期雇用者と流動化させる労働者との組み合わせ（ママ）」を選択していくような最適な雇用ポートフォリオにもとづく経営モデルを提唱している。

5) 2012年には労働契約法の改正が行われ，非正規雇用者の雇用契約期間についてわずかな改善がみられた。有期雇用契約が繰り返し更新されて通算5年を超えたときに期間の定めのない労働契約に転換できるルールが2013年4月から適用された。

正規雇用者の削減とともに，職場で非正規雇用者が増加すると，企業内に残された正規雇用者の仕事の密度が高まり，正規雇用1人あたりの仕事量が増える。その結果，正社員の間では長時間労働が広がり，過労死やうつ病など精神疾患を患う労働者が増えてきている。企業間競争が厳しくなり短期的業績に左右される経営が重視されるなかで，労働現場のゆとりが失われ，経営者のあいだにおいても，企業が長期的に人を育てるという経営思想が希薄化し，人件費が抑制された。

1.2 コスト削減意識と賃金交渉力の低下，株主を重視する経営

1990年代以降日本の経済成長率が低下し，アジア新興国の経済成長が加速するなかで，日本企業が積極的に海外直接投資を増やし，多国籍企業としてより効率的な企業経営を行うようになった。このグローバルな視点での企業経営は，人件費の安い海外の生産費と日本の高い生産費の比較を労働者に意識させ，競争力の強化やコスト削減意識が労働者に浸透することになった。また1990年代以降政府の財政赤字が膨張するなかで，政府は財政赤字削減を掲げコスト削減意識を強めた。その結果，賃金引き上げを我慢する意識が日本社会に浸透し，労働組合の賃金交渉力を低下させることにつながった。

また1990年代後半以降，企業グループによる株式の相互持合いが解消されるなかで，機関投資家や投資ファンドなどが株式を保有するようになり，高い金融的収益（配当）を求める「もの言う株主」として企業経営に関わる動きが広がった[6]。機関投資家や投資ファンドの保有株式の割合が増加するにつれて，株主配当の増額要求圧力は高まり，モノやサービスを生産販売している実物部門の企業の経営者に，株主や株式への配当を優先的に扱うことを意識づけた。また投資ファンドに自社が買収されないように，高い株価を維持するために，短期的な業績を上げることができる企業経営が強く求められ，人件費の削減やコスト削減が優先された。

現在，安倍内閣が毎年春闘での賃上げを促進しているが，それでも賃金が上

---

6) 株式の相互持合いの解消については，宮本（2007）を参照。1990年代以降，とくに外国人の株式保有が増加した。

昇しないのは，グローバル化と経済成長率低下のなかで厳しい競争環境にさらされコスト削減意識が定着し，株主を優先する短期的な業績を優先する企業経営が重んじられるようになったことに要因がある[7]。

2 マクロ経済の所得分配構造の変化

　1990年代後半以降の人件費削減によって，マクロ経済の所得分配はどのように変化したか。図5.2は，『法人企業統計』から企業（金融・保険を除く）の経常利益，給与，配当金の推移を示している。経常利益はバブル崩壊後1998年度ごろまでは低迷していたが，それ以降は右肩上がりの傾向となり，2004年度にはバブル期の最高益を上回り44.7兆円を記録し2017年度にはバブル期の2倍を超える83.5兆円を記録している。（ただし，2001年度と2008～2009年度は景気の悪化により落ち込んでいる。）配当金は，1980年代前半は2兆円台で推移していたが1980年代後半から1990年代は4兆円前後で推移した。2000年代以降，急速に増加し2006年度が第1のピークで16兆円を記録した。その後2010年度の10兆円程度まで低下傾向が続いたが，それ以降急速に回復し，2017年度は23兆円を超えた。人件費は1995年度ごろまで右肩上がりで増加してきたが，それ以降2014年度ごろまでは146兆円程度を中心にして上下変動があるもののおおむね横ばい傾向が続いている。2015年度以降は150兆円を超え，2017年度は159.3兆円を記録した。以上のような利潤と配当の増加と人件費の抑制傾向によって，人件費シェアは，1998年度の85％から下落傾向を示し，2000年代は70％台，2013年度以降は，60％台となった。この数値は，1990年代後半以降，継続的に人件費削減圧力が強まっていることを示している。

　なるほど人件費削減競争は，企業の業績や生産の効率性を上昇させ，また価格や品質の改善につながっているかもしれない。しかしそれにともない賃金所得の低成長と所得分配の利潤と配当への偏りを生み出し，それが日本経済の停滞を引き起こす原因になっている[8]。つまり，労働組合の賃金交渉力の低下や

　7）　玄田（2017）は，賃金が上がらない要因について，幅広い観点から議論している。

図 5.2 経常利益, 給与, 配当金の推移

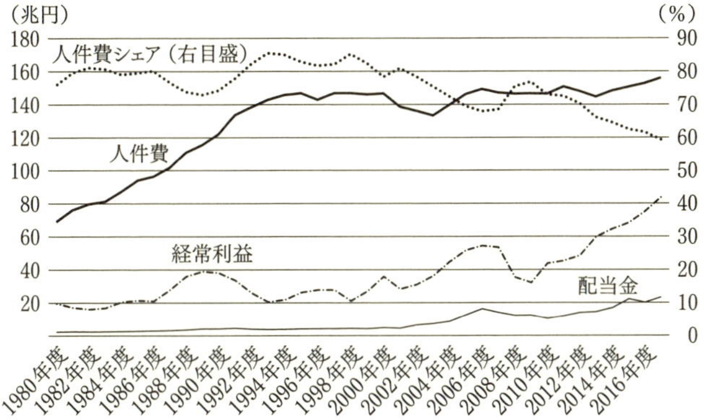

出所：財務省『法人統計調査』。
注：全企業規模（金融・保険業を除いた）を対象としている。単位は兆円である。人件費シェアは, 上記3項目の合計に占める人件費の割合を示している。

正規雇用の非正規への代替によって，家計の労働所得が上昇せず，日本経済のGDPの6割近くを占める消費が低成長となり，経済成長の芽を摘んでしまっている。もちろん，アジア新興国の経済成長やグローバル化の進展により，インバウンド観光客や輸出の増加が経済成長に寄与しているが，それらの恩恵は労働者の所得増につながっているとは言い難く，企業の利益増加に寄与しているのが現状である。

3 人件費削減競争と就業構造・所得分布の変化

3.1 自営業主

1990年代以降の厳しい経済競争は，経済全体に波及した。人件費削減競争をともなう効率化は，自営業や家族従事者も巻き込んだ。結果として過去20年で自営業が急減した[9]。自営業主は1997年から2017年にかけて10年ごとに，

---

8) 株式への配当が消費を増やすという効果もあるが，それ以上に賃金所得の低下による消費抑制効果のほうが大きいと考えられる。消費性向（所得に占める消費の割合）は所得が高い人ほど低く，所得が低い人ほど高い。

793.1万人，667.5万人（△125.6万人），561.7万人（△105.8万人）となり，20年で約230万人減少した。家族従業者も同様に10年ごとに405.2万人，187.6万人（△217.6万人），122.1万人（△65.5万人）となり，20年で約280万人減少した。自営業従事者は，働く時間が比較的自由であり，地域の行事やコミュニティの運営にかかわりやすい。また地域の人間関係の構築や地域に人が集まることが自営業経営の発展につながることもあり，自営業が元気な地域は地域社会の絆が強いと考えられる。しかし90年代後半の競争激化によって，自営業は大きく減少した。さまざまな種類の商品を扱う店舗や豊かなデザイン性を備えた大きな店舗が地域で目立つようになったが，一方で，地域のつながりや絆が弱まり，人間関係が希薄化していった。経営困難によって自営業をやめざるをえなくなった人々は，2000年代半ば以降の景気回復のなかで雇用者に転職し，経済全体の雇用者数は増加傾向となった（表5.1）。

3.2　雇用者の所得分布の変化

では1990年代後半以降の雇用者の所得分布がどのように変化してきたのか。図5.3は家計の主稼得者である30〜59歳男性雇用者の所得分布の推移である。

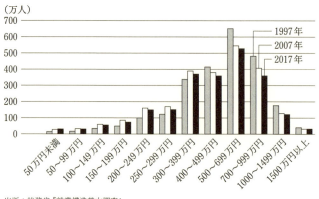

図5.3　30〜59歳男性雇用者の所得分布

出所：総務省『就業構造基本調査』。

9）　神林（2017）は，1980年代から自営業主の減少傾向が存在するという他の先進国にはみられない特徴があることを指摘する。

図5.4 30〜59歳女性雇用者の所得分布

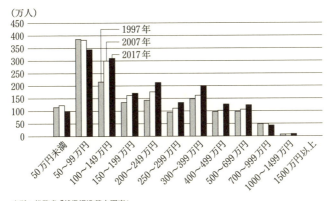

出所：総務省『就業構造基本調査』。

表5.2 30〜59歳雇用者の各指標の推移

		1997年	2007年	2017年
男性	平均所得（万円）	605	543	544
	総所得（万円）	15,140,770,417	13,503,201,324	12,648,285,577
	正規雇用者比率	0.749	0.734	0.768
	ジニ係数	0.283	0.310	0.312
	総数（人）	25,007,000	24,861,400	23,270,000
女性	平均所得（万円）	234	231	246
	総所得（万円）	3,963,362,172	4,123,949,065	4,530,412,325
	正規雇用者比率	0.390	0.381	0.408
	ジニ係数	0.455	0.442	0.419
	総数（人）	16,949,000	17,816,700	18,444,300

出所：総務省『就業構造基本調査』。

1997年から2007年にかけて年収400万円以上の雇用者は約276万人減少するとともに，年収400万円未満の雇用者は約250万人増加し，低所得化が進行した。そのため平均所得は605万円から543万円に減少し，不平等の大きさを示すジニ係数は0.283から0.310と大きく上昇した（表5.2）。2007年から2017年にかけては，団塊の世代の大量退職もあり，全体の雇用者は159万人減少した。50万円未満と1500万円以上の雇用者以外は，すべての所得階級でその数が減少している。とくに年収700万〜999万円層の低下（△47.0万人）と，300万〜499万円層の低下（△41.6万人）が大きいが，所得階級別の各雇用者のシェ

表 5.3　男性雇用者の年齢別賃金の推移

	1997年	2007年	2017年	1997年	2007年
	男性30～39歳	男性30～39歳	男性30～39歳	男性40～49歳	男性40～49歳
平均値（万円）	510	452	451	632	594
総所得（万円）	3,975,613,741	4,024,131,568	3,190,658,022	5,803,081,524	4,489,343,939
所得申告数（人）	7,587,000	8,694,100	6,938,000	9,047,000	7,395,800
総数（人）	7,793,000	8,897,300	7,079,700	9,189,000	7,562,900
正規比率	0.837	0.796	0.805	0.746	0.756
ジニ係数	0.226	0.259	0.272	0.269	0.293

出所：総務省『就業構造基本調査』。

アの変化は，それほど大きくはなかった．その結果，平均所得は544万円と2007年とほとんど変わらず，ジニ係数は微少ながら上昇した．

　一方，女性雇用者は，1997年から2017年にかけて10年ごとに，1695万人，1782万人（＋87万），1844万人（＋63万）と増加傾向にある（表5.2）．1997年から2007年にかけては，ほとんどすべての所得階級で雇用者が増加した（図5.4）．とくに年収100万円から150万円未満の雇用者の増加は約86万人と顕著であった．また150万円から400万円未満の雇用者の増加も約90万人と大きかった．低賃金層での雇用者の増加が相対的に大きく，平均所得は，1997年から2007年にかけて234万円から231万円と減少した（表5.2）．一方，2007年から2017年にかけては，年収100万円未満の雇用者が大きく減少したが，年収100万から400万円未満の雇用者の増加は10年前と同様に大きく増加した．10年前と比べて，400万円から600万円未満の雇用者が大きく増加し，相対的に平均所得以上の雇用者の増加が大きく，女性雇用者の平均所得は，2017年には246万円（＋15万円）になった．

　女性雇用者のジニ係数は，所得のばらつきが大きく，男性に比べてかなり高い．1997年から10年ごとに0.455，0.442，0.419と減少傾向にある．女性雇用者の所得分布の最頻値は，過去20年間変わらず年収50万円から99万円であるが，女性の社会進出が進むなかで，全体として中所得の雇用者の増加傾向が生じて所得格差が縮小していった．

　以上のように人件費削減競争が加速するなかで，30～59歳の男性の所得分布は1997年から2007年にかけて低所得化が進み，ジニ係数が大きく増加した．

2017年	1997年	2007年	2017年
男性40～49歳	男性50～59歳	男性50～59歳	男性50～59歳
551	668	594	625
4,921,588,660	5,362,075,152	4,989,725,817	4,536,038,895
8,749,200	7,957,000	8,247,800	7,142,400
8,928,400	8,025,000	8,401,200	7,261,900
0.775	0.666	0.649	0.722
0.300	0.317	0.339	0.328

2007年から2017年にかけて平均所得は横ばいで，所得階級別の各雇用者のシェアの変化はそれほど大きくなく，ジニ係数はわずかに増加した。所得格差は拡大傾向にあった。一方，男性に比べて相対的に低賃金（平均246万円）の女性雇用が増加した。とくに100万円以上700万円未満の低中所得者層の全体的な増加によって，女性の所得格差の縮小が進んだ。

3.3　30～59歳男性雇用者の所得の変化

上記の30～59歳の男性の所得分布について，さらに10歳ごとに区分してその平均所得やジニ係数，総所得の変化をみていく。

表5.3より30～39歳（男性）の平均所得は1997年から2017年にかけて10年ごとに510万円，452万円，451万円となっている。この平均所得の変化は，1997年から2007年にかけて低賃金の非正規雇用者比率の増加（正規雇用比率の減少）が生じていること，また正規雇用の賃金の停滞が原因である。2007年以降は正規雇用比率の変化は小さく30代の賃金はほぼ横ばいとなっている[10]。ジニ係数は0.226，0.259，0.272と増加傾向にある。

40～49歳の平均所得は1997年から632万円，594万円，551万円と大きく減少している。1997年から2017年にかけて40代の正規雇用比率が上昇傾向にあることを考えると，この平均所得の低下は，10歳年上の世代よりも正規雇用

---

10) 厚生労働省の『賃金構造基本統計調査』は2004年に調査内容を変更し，正社員・正職員とそれ以外の区分を設けて賃金を把握するようになった。これによると，2007年と2017年の男性（学歴計・企業規模計（10人以上））の30～34歳，35～39歳のそれぞれの正規雇用の賃金（所定内給与）は，290.3千円→294.6千円，342.4千円→331.2千円となっており，前者の増加と後者の下落の大きさによって30代の平均賃金が影響してくる。

の賃金が下がっていることが原因である[11]。なぜなら非正規雇用と比べて相対的に賃金の高い正規雇用の比率が高くなるなかで，平均所得が下落しているということは正規雇用の賃金が低下しているからである。ジニ係数は0.269，0.293，0.300と増加傾向にある。

　50〜59歳の平均所得は，1997年から668万円，594万円，625万円となっている。1997年から2007年にかけては，早期退職勧告などの影響により高所得層を中心にその数が減った。1997年から2007年にかけては30代や40代と同様に賃金の低下が生じているが，2007年以降50代の所得は増加に転じた。それにともないジニ係数は，1997年から2007年は0.317から0.339と増加したが，2017年（0.328）にかけては低下した。

　次に表5.3の2行目にある男性の年齢別の総所得をみると，30代，40代，50代のそれぞれで，1997年から2017年にかけて，39.8兆円→31.9兆円（△19.7%），58.0兆円→49.2兆円（△15.2%），53.6兆円→45.4兆円（△15.4%）と大きく減少したことがわかる。これらを合計した30〜50代の総所得の推移は，151.4兆円→126.5兆円（△16.5%）と大きく低下した（表5.2）。

4　世帯とその所得分布の変化

　働きざかりの30〜50代の男性雇用者の所得が減少ないし停滞傾向にあるなかで，家計の所得は同様の動きをしているのだろうか。ここでは，世帯所得の分布の変化をみていきながら，家計が所得の停滞にどのように対応したのかを明らかにする。まず日本経済における典型的な世帯である65歳未満の一般世

---

[11]　厚生労働省の『賃金構造基本統計調査』によると，2007年と2017年の男性（学歴計・企業規模計（10人以上））の40〜44歳，45〜49歳のそれぞれの賃金（所定内給与）は，399.0千円→366.9千円，424.6千円→404.9千円と大きく低下している。この点については，黒田（2017）が，就職氷河期世代（2015年に40〜44歳）の賃金が上の世代と比べて格段に低くなっていることを示し，その要因について，5つの仮説を提示している。たとえば新しい給与・人事体系がこの世代から導入され始めたことや，課長などの役職者の構成比が低下しており，非役職者が前の世代より増えていることなどを指摘している。

図 5.5　65歳未満の一般世帯の所得分布

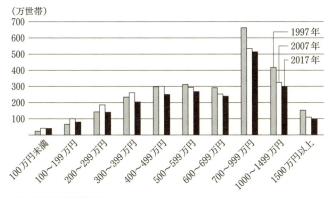

出所：総務省『就業構造基本調査』。

帯（2人以上世帯）の所得分布をみていき，そのあとに65歳未満の単身世帯および65歳以上の世帯をみる。

図5.5は65歳未満一般世帯の1997年から2017年にかけて10年ごとの所得分布の推移を示している。65歳未満の一般世帯数は，1997年2608万世帯，2007年2441万世帯，2017年2178万世帯と20年間で400万世帯以上減少しており，人口構成の高齢化と単身世帯の増加がこの背景にある。図5.5をみると1997年から2007年にかけては年収500万円以上の世帯数の大きな減少（△302万世帯）と，年収が400万円未満の世帯数の増加（＋122万世帯）によって低所得化が進行した。その結果，平均世帯所得は774.5万円から705.1万円と大きく低下し，ジニ係数は0.30から0.32へと上昇した（表5.4）。図5.3でみたように，この時期に30～50代の男性雇用者が低所得化（平均所得605万円→543万円）が進み，女性の社会進出が家計の所得を補助的に支えたが，全体として家計の平均所得を引き上げるほどにはいたらなかった。

2007年から2017年にかけては，さらに高齢化が進展したことにより，65歳未満一般世帯すべての所得階級で世帯数が減少した。年収500万円未満では173万世帯の減少，年収500万円以上では97万世帯の減少となり，前者の低所得世帯の減少が相対的に大きく，所得分布の低所得化に少し歯止めがかかった。その結果，平均所得は705.1万円から723.3万円と増加し，ジニ係数は0.32か

表 5.4 世帯の各指標の推移

	1997年	2007年	2017年	1997年	2007年
	65歳未満一般世帯	65歳未満一般世帯	65歳未満一般世帯	65歳未満単身世帯	65歳未満単身世帯
平均値（万円）	774.5	705.1	723.3	337.0	331.5
総所得（万円）	20,197,862,290	17,211,355,097	15,751,660,711	3,316,803,871	3,833,503,138
所得申告世帯数	25,990,000	24,033,000	21,330,200	9,581,000	11,160,900
総数（世帯）	26,077,000	24,408,900	21,778,200	9,841,000	11,564,200
ジニ係数	0.300	0.320	0.311	0.401	0.418

出所：総務省『就業構造基本調査』。

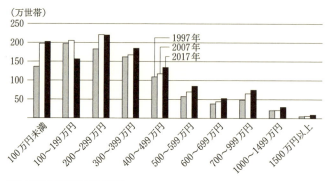

図 5.6 65歳未満の単身世帯の所得分布の推移

出所：総務省『就業構造基本調査』。

ら0.31と減少した（表5.4）。2007年から2017年にかけて世帯所得の低所得化傾向が弱まった背景には，男性の雇用者所得が横ばいであったこと（平均所得543万円→544万円）に加えて[12]，10年前に比べて高賃金の女性雇用者が増えたことがあげられる[13]。しかし65歳未満一般世帯全体の所得水準（総所得）は，世帯数の減少もあって202兆円→172兆円→158兆円と大きな低下が生じていた（表5.4）。

次に65歳未満の単身世帯の所得分布の変化をみる（図5.6）。65歳未満の単身世帯数は，1997年984万世帯，2007年1156万世帯，2017年1208万世帯と

---

12) 2007年から2017年にかけて男性雇用者の40代の所得は低下している一方で50代の所得が増加することで30〜50歳の平均所得がほぼ一定となった（表5.3）。

2017年 65歳未満単身世帯	1997年 65歳以上全世帯	2007年 65歳以上全世帯	2017年 65歳以上全世帯
361.0	341.0	261.7	237.5
4,362,717,297	3,523,949,555	4,234,020,078	5,206,673,901
11,496,600	10,114,000	15,340,700	20,406,200
12,084,500	10,333,000	16,181,700	21,924,800
0.417	0.455	0.439	0.425

20年間で220万世帯以上増加している。この背景に未婚化の進展が影響している[14]。1997年から2007年にかけてはすべての所得階級で世帯数が増えたが，とくに低所得層の増加が相対的に大きく（年収が100万円未満と200〜299万円の世帯），平均世帯所得が337.0万円から331.5万円と低下しながら，ジニ係数が0.401から0.418へと上昇した（表5.4）。2007年から2017年にかけては，年収100万円未満と200〜299万円の世帯数はほぼ横ばいであった。年収100〜199万円層は約50万世帯が減少したが，年収が300万円以上のすべての所得階級で世帯数が増加し（＋112万世帯），高所得化が進んだ。表には示していないが，比較的高い所得を得ている40〜54歳の単身世帯数が106.0万世帯増加している[15]。それにともない平均所得が増加し（331.5万円→361.0万円），ジニ係数はわずかに下落した。1997年から2017年にかけての総所得の推移は，33.2兆円→38.3兆円→43.6兆円と増加し

---

13) 石井（2018）は，2009年から2016年にかけての有配偶世帯の所得を分析している。20〜40歳代で，2009年に比べて2016年には妻の非正規雇用による就業率が大幅に上がっていること，そして同期間の夫の所得のジニ係数の増加と妻の所得のジニ係数の減少をあわせると，夫婦合算の世帯所得のジニ係数は横ばいとなることを示している。つまり妻が家計の所得を支えることで，世帯所得格差拡大を緩和している。

14) 国立社会保障・人口問題研究所の統計集（2018年版）にある「初婚・再婚別婚姻数および婚姻率：1883〜2016年」によれば，婚姻率は1997年から10年ごとに6.2，5.7，5.0（2016年）と低下傾向にある。国立社会保障・人口問題研究所『世帯数の将来推計（全国推計）2018年1月推計』は，未婚率と独居率の増加が影響することで，2015年の単独（単身）世帯数1842万が，今後2030年には2025万世帯まで増加すると予想している。

15) 2007年から2017年にかけて40〜54歳の単身世帯のうち年収300万円以上の世帯数は，64.3万世帯の増加，年収300万円未満の世帯数は，39.5万世帯の増加と，相対的に前者が大きい。

図 5.7　65歳以上のすべての世帯の所得分布の推移

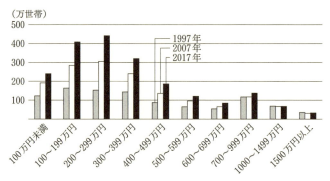

出所：総務省『就業構造基本調査』。

ている。

図 5.7 は 65 歳以上の世帯（単身含むすべての世帯）の所得分布の推移を示している。人口の高齢化が急速に進んだことから，その世帯数は，1997年から2017年にかけて10年ごとに1033万世帯，1618万世帯，2192万世帯と20年間で1160万世帯増加した（表 5.4）。所得分布の変化は，1997年から2007年までの10年間の変化と，それ以降の10年間の変化が類似している。いずれの期間も年金の受け取り額が200～299万円層を中心に分布していたため，その部分を中心に所得分布が集中することで，ジニ係数は低下傾向を示している（0.455→0.439→0.425）。しかし全体として低所得化が進行しており，平均所得は低下傾向にあった（341.0万円→261.7万円→237.5万円）。一方，1997年から2017年にかけての総所得の推移は，高齢者世帯数の増加によって35.2兆円→42.3兆円→52.1兆円と大きく増加している。

最後に，以上の世帯を合計した全世帯の1997年から2017年にかけての総所得の推移を計算すると，278.8兆円→259.4兆円→258.7兆円となっている。1997年から2007年までの△19.4兆円の所得低下であったが，2007年以降所得低下傾向は弱まり（△0.5兆円），ほぼ横ばいとなった。なお以上の名目所得を消費者物価指数（2015年＝1）で実質化すると[16]，総所得の推移は，266.8兆円

16）　ここでのCPIは，生鮮食料品とエネルギー価格を除いた総合指数である。

→257.3兆円→257.9兆円となり，実質的にみても1997年からの総所得の低下傾向と2007年以降の所得の停滞傾向はほとんど変わらない。

5 長期不況と所得停滞

本章では，長期不況（長期経済停滞下）における所得分配の動向をみてきた。1990年代後半以降の長期不況下においては，景気の改善とともに賃金が上昇せず，利潤と株主への配当が増加するという現象が生じた。そこには，低経済成長下の人件費削減競争，短期的利益を求める株主の影響，政府の財政赤字による債務削減圧力などによって，日本社会全体がコスト削減を強く意識するようになり，賃金の抑制が常態化したことが影響している（図5.8）。この所得の停滞は，家計貯蓄率の減少と経済全体の消費とGDPの停滞を引き起こしている。また少子化による人口減少の影響が将来の消費を抑制するという予想も含めて，それが将来の経済成長率の低下の予測（期待成長率の低下）を生み，企業の国内設備投資が停滞して，実質経済成長率が低い状態が続くという長期経済停滞（長期不況）が起こっている。

1997年から2007年かけては，金融危機の影響などもあり日本経済が最も厳しい時期であった。男性の各年齢層の所得分布や65歳未満の一般世帯の世帯分布において，所得中間層が減少して，低所得化と所得格差の拡大が進行した。

2007年から2017年にかけては，リーマンショックの影響で経済の落ち込みはあったが，その後の景気回復により家計所得の低下に一定の歯止めがかかった。全体の30〜59歳の男性雇用者の所得は停滞している一方で，女性の就業参加によって家計所得が支えられた。65歳未満一般世帯の平均世帯所得はほとんど増加しなかった。また65歳未満一般世帯の総所得は世帯数の減少によって大きく低下した（△14兆円）。単身世帯数や高齢者世帯数の増加は，それらの世帯の総所得を増加させたものの，経済全体

図5.8 長期経済停滞の原因

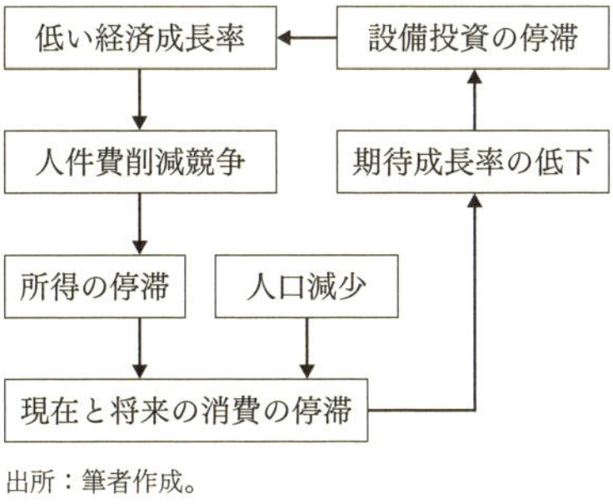

低い経済成長率 → 設備投資の停滞
↓ ↑
人件費削減競争   期待成長率の低下
↓ ↑
所得の停滞 人口減少
↓ ↓
現在と将来の消費の停滞

出所：筆者作成。

の家計の総所得は,259.4兆円→258.7兆円とほぼ横ばいのままであった。

　所得が伸び悩む背景は,上記で述べた人件費抑制と利潤と配当への所得分配の増加傾向がある。その所得分配構造を,家計所得・利潤・配当が適度に成長するような分配構造に改革していくことが求められている。

参考文献

石井加代子(2018)「所得格差の要因と2010年代における動向」,『日本労働研究雑誌』No.690。

宮本順介(2007)「企業の変容」,菊本義治・宮本順介・本田豊・間宮賢一・安田俊一・伊藤国彦・阿部太郎著『日本経済がわかる経済学』第4部第3章所収,桜井書店。

神林龍(2017)『正規の世界・非正規の世界:現代日本労働経済学の基本問題』慶應義塾大学出版会。

黒田啓太(2017)「今も続いている就職氷河期の影響」,玄田有史編『人手不足なのになぜ賃金が上がらないのか』第4章所収,慶應義塾大学出版会。

玄田有史編(2017)『人手不足なのになぜ賃金が上がらないのか』慶應義塾大学出版会。

第6章　異次元の金融緩和政策と財政再建

本田　豊

はじめに

　日本の公債等残高は900兆円を超える勢いで増加しており，国家の累積債務にどのように対応していくかという国家債務問題が，日本経済の最も重要な政策課題のひとつとなっている。国家債務問題への政策的対応としては，すでに膨れ上がった多額の国家累積債務である国債発行残高をいかに適切に管理するかという国債管理政策と膨大な国債発行残高の元凶ともいうべき財政赤字を減らすための財政健全化政策の2つを政策の柱としている。

　国債管理政策は財務省が主幹し，財政健全化政策の推進は内閣が担い，政府が一丸となって責任をもって推進すべき立場にあることは言うまでもない。しかし現状において，安倍内閣は自らの財政健全化の取り組みを事実上先送りする一方，国家債務問題に対して日本銀行（以下「日銀」と略す）が深くコミットすることを強く要請してきた。それが日銀の「異次元の金融緩和政策」が強力に推進されてきた背景にある。

　本章では，「異次元の金融緩和政策」が，日銀が国家債務問題解決に強くコミットするところに，その本質があることを示す。そのうえで，日銀の国家債務問題への強いコミットは，問題の先送りであると同時に，それをさらに深刻化させる可能性もあることを明らかにする。最後に，結局，国家債務問題解決のためには政府が主体的に財政健全化のための政策を展開する必要性があり，今後の財政再建政策のあり方について，筆者の考え方を論じる。

1　異次元の金融緩和政策と金融抑圧政策

1.1　異次元の金融緩和政策とは何か

　アベノミクスの目的は，物価が長期的に下落するデフレーションから脱却し，

持続的な経済成長の実現というところにある。目的達成のために，デフレーションからの脱却という政策課題は日銀が担い，持続的経済成長の実現は政府が責任をもち，相互の政策連携を強化するという「政府・日本銀行の共同声明」(内閣府・財務省・日本銀行　平成25年1月22日) を公表した。この共同声明にもとづき，黒田日銀総裁は，異次元の金融緩和政策によるデフレーションからの脱却にむけて，あらためて強い決意を明言した。

　異次元の金融緩和政策は，消費者物価上昇率(生鮮食料を除く) 2％目標を断固実現するために，これまでにない金融緩和政策を断行するというものであった。これまでのように金利政策だけでは，不十分であり，市中の国債を大量に購入することによって，民間金融機関の当座預金の積み上げを促してマネーサプライを大幅に増やし，各経済主体が過剰流動性の存在を認識することによって期待物価上昇率を高め，消費者物価上昇率2％を前提として各経済主体が経済行動をするように誘導しようとするものであった。

　超過準備金による過剰流動性が市中に無制限に回り始めたら，バブル経済の再来の危機がある。過剰流動性はあくまで期待物価上昇率を高めるための「情報」であり，過剰流動性をしっかりコントロールすることが必要になる。そこで日銀は，超過準備金に「付利」することによって，日銀の当座預金口座に「過剰流動性」を押しとどめる政策をとった。同時に超過準備金に付利される金利が，市中の短期金利を決定するようになり，日銀は超過準備金の一部にマイナス金利を設定して，短期金利をゼロ近傍にまで引き下げる政策をとった。

　長期金利は短期金利の影響をうけるが，基本的には市場で決まる。日銀は，短期金利をゼロ近傍にとどめて長期金利上昇を抑制しながら，指値で長期国債を購入するというやり方で，長期金利もゼロ近傍に誘導した。

　異次元の金融緩和政策は，ゼロ近傍の長短期金利を実現し，それが実物経済に波及して景気をよくし，良好な経済的パフォーマンスを背景に，物価上昇の期待が現実の物価上昇率2％を達成して，デフレーションからの脱却を目指したのである。しかし，現実にはデフレ脱却からは程遠い状況であり，異次元の金融緩和政策の政策的成果はないようにみえるが，必ずしもそうではない。

図 6.1 公債等残高の推移（1975〜2018年度）

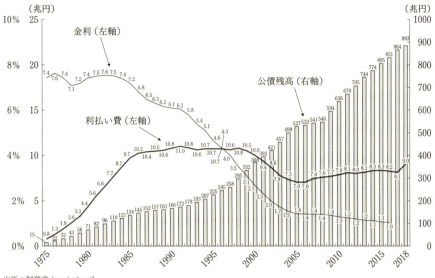

出所：財務省ホームページ。

1.2 異次元の金融緩和政策と国債管理政策

　長短期金利を長期間ゼロ近傍に固定する政策は「金融抑圧政策」とよばれる[1]。国債残高の大幅増加にもかかわらず金融抑圧政策によって，国債費の増加を抑制し，国債残高の伸びを抑える国債管理政策を日銀は主導したのであった。異次元の金融緩和政策は国債管理政策という視点からみると，一定の成果をあげたということができる。

　日本の財政再建は遅々として進まず，毎年多額の歳入欠陥を新規国債発行によって賄ってきた。その結果，膨大な金額の公債等残高が積みあがってきた。第2次安倍内閣が発足した2012年以降もこの傾向は変わっていない。

　第2次安倍内閣発足以降の公債等残高の推移をみると，744兆円（2013年度），774兆円（2014年度），805兆円（2015年度），831兆円（2016年度），864兆円（2017年度）と増加傾向は続いている。安倍内閣発足後の5年間で，公債等残高120兆円の大幅増である。

---

1) 金融抑圧政策については，河野（2013）を参照のこと。

これだけ大幅に公債等残高が増えたにもかかわらず，利払い費は，8.1兆円(2013年度)，8.3兆円(2014年度)，8.3兆円(2015年度)，8.2兆円(2016年度)，8.1兆円(2017年度)と，ほとんど増加しておらず，むしろ減少傾向さえみられる(以上，図6.1参照)。

　国債を中心とする公債等残高の大幅増加にもかかわらず利払い費の増加はほとんどなく，国債利子率が極端に低く抑えられていることが一般会計の歳出増を抑制しているのである。

　本来なら，国債利子率が高ければもっと毎年の国債費が増加し，国債発行残高も増えるはずである。他方，政府の財政健全化の道筋は明らかでないので，日本の国債に対する信任は落ち，それが利子率にプレミアムをつけ，結果的に利子率が上昇し，さらに国家債務問題を深刻させる可能性があった。しかし，日銀の金融抑圧政策がそのような事態を回避したということであり，異次元の金融緩和政策を通じた日銀の国債管理政策へのコミットは，一定の成果をあげたといえる。

1.3　異次元の金融緩和政策と「出口問題」[2]

　異次元の金融緩和政策は，金融抑圧政策の性質を持っており，本来の金融政策ではない。金融抑圧政策を続けているかぎり，経済環境の変化に対して，機動的な金融政策が展開できないということになり，できるだけ早く正常な金融政策への復帰が求められる。

　アメリカなどでも大量の自国国債や住宅ローン証券を中央銀行が購入するという「異次元の金融緩和政策」を実行し，大量の超過準備金が現出した。アメリカではこの異次元の金融緩和政策の効果によって，一定のデフレ脱却が実現し，低金利の状態から金利上昇に転換する局面に到達したと判断し，正常な金融政策に復帰する過程に入ったことをFRB(連邦準備制度理事会)は明言した。

　異次元の金融緩和政策によるゼロ近傍低金利から脱却し，金利上昇に転換する局面を「出口」という。出口において金融システムのさまざまな動揺を抑えながら正常な金融政策に復帰するための戦略は「出口戦略」と呼ばれる。アメ

---

　2)　アメリカの「出口戦略」に関する記述については，河村(2016)を参考にした。

リカは,「出口戦略」を具体的に実行する段階にきたということになる。

　日本においても「出口問題」に関する議論が活発化しているが,その内容は大まかに要約すると,次のようなものである。「異次元の金融緩和政策によって,いずれは物価が上昇し,現行のゼロ近傍の低金利をいつまでも続けることはできず,必ず金利上昇の局面を迎える。ゼロ金利から金利が上昇する局面で予想される金融システムの動揺がうまくコントロールできるように,今からしっかり準備して対応すべきである。」

　ここで描かれる日本経済の想定は,アメリカなどと同様デフレから脱却し,マイルドなインフレ状態にあるということであり,これが,出口のきっかけをつくると議論されることが多い。

　アメリカはすでに低金利から金利上昇を一定是認する方向に政策転換を行い,日米金利差は拡大している。もしアメリカの市場金利が上昇し,そのような状況で日本がゼロ近傍の低金利のままでいると日米の金利格差がさらに大きくなり,東京外国為替市場では,円をドルに替えてドル建てで資産運用をしようとする流れが顕著になり,円安・ドル高が急速に進むと予想される。

　この場合,日本からアメリカへの製造業製品を中心とする輸出が増えることになる。このような状況はトランプ政権がもっとも嫌がる事態であり,「日本は為替操作で意図的に円安誘導をしている」という批判が強まることになる。日本が自国の低金利状態を放置しておくと,日米貿易摩擦を深刻化させる可能性が強い。

　アメリカに強く依存しながら政治経済の方向性を決めていくことが自民党の政権基盤をささえるひとつであるが,これが揺らぐような事態は絶対に避ける必要があり,ゼロ近傍の低金利政策の転換を余儀なくされるかもしれない。

　ゼロ近傍の低金利政策を持続することができず「出口」に直面せざるをえない事態は,皮肉にも自民党政権基盤を構成しているアメリカとの政治経済摩擦などの軋轢によって生じる可能性がある。

　日本経済がデフレ脱却の前後で「出口」を迎えるか,あるいはアメリカとの政治経済摩擦などの軋轢をきっかけに「出口」を迎えるのか。これによって,日本の国家債務問題の行方は相当に違ってくる。

1.4 「出口」で予想される金融・財政の混乱[3]

　出口では，どのような事態が予想されるのであろうか。出口において金利上昇が起これば，金融システムにさまざまな動揺がはしり，当然ながら財政問題にも飛び火する。

　一番危惧されるのは，市場が将来の金利上昇による国債価格の下落を予想すると，国債保有によるキャピタルロスを回避するために国債の売りが優勢になり，国債価格が暴落するという可能性である。この場合，日銀は国債価格の暴落を回避するために市場からの国債購入額を増やさざるをえない。この場合，日銀では，負債にあたる当座預金が増え，それらに付利されるので，負債コストが大きくなる。他方，資産を構成する国債残高の資産価値が国債価格の下落で目減りし，多額のキャピタルロスの発生が予想される。日銀のバランスシートは大きく毀損し，金融システムを支える根幹が揺らぐことになる。

　国債価格の暴落が起きない場合，問題は財政に飛び火する。金融機関などが保有する金利上昇によって国債償還額のうち利払いが急増し国債費が大幅に増大するので，財政赤字が拡大する可能性がある。政府は，新規国債の発行額を増やす必要があり，市中消化を模索することになる。この場合，金利が上昇する局面であるから，新規発行の利付き国債の額面利子率も当然高くなる。金利上昇もしくはその高止まりは，国債費の一層の増加をもたらし，国債発行残高がますます増加するという悪循環をもたらすことになる。

　国債の市中消化による利子率上昇が財政赤字をさらに悪化させるという状況を回避するために，日銀法を改定して日銀が国債直接引き受けによって円紙幣を印刷して政府に渡すことが考えられる。この場合，国債の市中売却による利子率上昇の影響を遮断することができ，利払い増加を抑制することによって，国債費の急増をなんとかしのぐことができるかもしれない。

　この場合，増加した円紙幣は財政支出を通じてなんらかの形で国民に渡ることになる。国民は受け取った円紙幣をもとになんらかの消費を行うが，一部は貯蓄に回すことになる。消費に対応して生産が行われて付加価値がうまれ，賃

---

[3] 「出口」における金融システム動揺の可能性に関する記述については，翁 (2017) を参考にした。

金や利潤に分配される。賃金の一部は貯蓄に回り，利潤もまた当面は企業貯蓄になる。

このように，財政支出を通じて国民が受け取った円紙幣は，経済循環の過程で貯蓄として漏れ，金融機関に預金として回収されることになる。当座預金に対する付利政策は継続しているので，金融機関は預金を日銀に当座預金として預けて運用することになる。

この場合，日銀の国債直接引き受けによる利払い収入は少ないが，当座預金に付利する利子支払いが増加し，逆ザヤの状態が生まれ，日銀の財務状況の不安定さを助長する可能性がある。したがって，日銀の国債直接引き受けは，財政の国債費抑制には一定の効果があるかもしれないが，その代償として日銀の財務状況の悪化をもたらす危険性があり，たとえ，日銀が直接国債引き受けをできるようになっても，金融システムの安定には限界がある。

結局，財政再建を回避した国債管理政策は金融システムの動揺をもたらす可能性がきわめて高い。そのような状況に陥らないためには，財政そのものの健全化を実現していかざるをえない。そのためには，財政健全化の方向性を明確にし，それに必要な財政再建政策を着実に実行していくことがなによりも重要であることはいうまでもない。

異次元の金融緩和政策によって，日銀に預けている民間の当座預金は大幅に増加し「異次元」の超過準備金によって過剰流動性がもたらされたが，それが人々の期待物価上率を高めるにはいたっていない。経済主体の経済行動が変化し，その結果，消費者物価上昇率2％が実現するまでには現在いたっていない。異次元の金融緩和政策によるデフレ脱却はほぼ絶望的であるというのが一般的見方である。

しかし，黒田日銀総裁は，消費物価上昇率2％達成を異次元の金融緩和政策のみで実現するのは困難であることがほぼ明らかになったにもかかわらず，また，異次元の金融緩和政策がもたらす深刻な「出口問題」があるにもかかわらず，日本では「出口戦略」を描くことは時期尚早として，引き続き異次元の金融緩和政策を堅持している。なぜ，ここまで異次元の金融緩和政策にこだわるのか。その理由は，消費者物価上昇率2％を達成しなければ，アベノミクスにおける財政再建の道筋は不可能となるからである。日銀は，財政再建に主

体的役割を担うことにコミットさせられているのである。

2 異次元の金融緩和政策と財政再建へのコミット

2.1 財政再建のこれまでの経過

2000年以降，日本の財政再建の方向性を示した指針は，旧民主党政権下における「財政運営戦略」（平成22年6月22日に閣議決定）であった。財政運営戦略では，2015年度までに国の基礎的財政収支の赤字の対名目GDP比を2010年度の水準から半減し，遅くとも2020年度までに黒字化し，2021年度以降においては，国・地方あわせた公債等残高の対名目GDP比を安定的に低下することを財政再建の目標としていた。

この目標を達成するために，「社会保障と税の一体改革」という社会保障のあり方とそれを支える税制改革を柱とする政策体系を提起した。

社会保障については，公的年金制度など高齢者を対象とする社会保障については現行の制度を維持し，そのうえで子育て支援などの新規事業を展開する，とした。そのために，社会保障費については物価上昇率以外に高齢化要因と新規事業展開の支出増を考慮し，それ以外の一般歳出については実質横ばい（物価上昇率並みの増加）を想定した。

支出増を賄う税収を確保するために消費税増税を中心とする税制改革を行うとした。具体的には，消費税率（国・地方）を2014年4月に3％，2015年10月に2％引き上げ，国と地方の配分比率を346/500：154/500にするというものであった。

「財政運営戦略」では，消費税増税で，2015年度までに国の基礎的財政収支赤字の対名目GDP比を2010年度の水準から半減するという目標達成の道筋は示されていた。2020年度までに基礎的財政収支の均衡を達成するための道筋は示されていないという問題点はあったが，「社会保障と税の一体改革」によって財政再建の道筋が示されたのは事実である。

「社会保障と税の一体改革」は，旧民主党，自民党，公明党などの賛成多数で国会で承認されたこともあり，旧民主党政権崩壊のあと発足した安倍内閣も，当初はこの財政再建の方向性を踏襲するとしていた。しかし，安倍内閣は成長

戦略を優先して，消費税率10％の先送りなど，財政再建の取り組みはどんどん先送りされ，「骨太方針 2018」では，基礎的収支の黒字化目標を2020年度から2025年度に先送りすることを決めた。にもかかわらず，財政再建は十分可能であるという根拠を「中長期の経済財政に関する試算（平成30年7月9日経済財政諮問会議提出）」（以下では，「財政試算」と略す）で示している。

「財政試算」では，「成長実現ケース」と「ベースラインケース」に区分して中長期の経済財政の展望を行っている。アベノミクスが成果をあげることを前提にしたケースは，いうまでもなく「成長実現ケース」であり，このケースが実現できれば財政再建の道筋は大丈夫というメッセージである。以下では，このケースの概略を説明する。

2.2　「成長実現ケース」の考察

アベノミクスの成果によって，中長期的には名目経済成長率3.5％程度，実質GDP成長率2％程度が実現されると想定している。このとき，異次元の金融緩和政策も成果をあげ，消費者物価上昇率は2023年度に2％（GDPデフレーター上昇率1.4％程度）を達成し，その後この水準が持続するとしている。

消費物価上昇率が2％を達成する時期前後から出口政策がとられ，名目長期金利は，1.4％（2023年度）に上昇して上昇傾向が続き，2027年度には名目経済成長率に等しいとおいて，3.5％を見込んでいる。

2020年度以降の歳出増について，社会保障費は高齢化要因と物価・賃金上昇率を反映して増加し，それ以外の歳出は物価上昇率並みに増加すると想定している。税収に関しては，消費税率を2019年10月に10％に増税するが，それ以上の増税政策はとらない，としている。

このような想定のもとで，財政健全化目標として，①経済再生と財政健全化に着実に取り組み，2025年度の国・地方を合わせた基礎的財政収支黒字化を目指す，②同時に債務残高対GDP比の安定的な引き下げを目指すことを堅持する，と設定している。

試算結果をみてみると，国と地方をあわせた基礎的財政収支は，2026年度にほぼ均衡してゼロになり，公債等残高の対名目GDP比は，逓減傾向を示し，157.1（2027年度）になっている。地方の基礎的財政収支は，増加傾向を示し，

表 6.1 「成長実現ケース」の想定と試算結果

経済成長実現ケース

	2018年度	2019年度	2020年度	2021年度	2022年度	2023年度	2024年度
実質GDP成長率（％）	1.5	1.5	1.4	1.6	1.8	2	2
名目GDP成長（％）	1.7	2.8	2.8	3	3.3	3.4	3.5
名目GDP（兆円）	558	573.5	589.8	607.2	627.1	648.1	671
消費者物価上昇率（％）	1.1	1.5	1.8	1.9	2	2	2
GDPデフレーター上昇率（％）	0.2	1.3	1.4	1.3	1.5	1.4	1.4
名目長期金利（％）	0	0	0	0.3	0.8	1.4	2
基礎的財政収支（兆円）	−15.7	−13.3	−8.9	−8.4	−7.3	−6	−4.3
対名目GDP比（％）	−2.8	−2.3	−1.5	−1.4	−1.2	−0.9	−0.6
国（兆円）	−16.6	−14.5	−12.7	−12.6	−12.2	−11.7	−11.1
対名目GDP比（％）	−3	−2.5	−2.2	−2.1	−1.9	−1.8	−1.6
地方（兆円）	0.8	1.2	3.8	4.2	4.9	5.8	6.8
対名目GDP比（％）	0.1	0.2	0.6	0.7	0.8	0.9	1
公債等残高（兆円）	1055.8	1071.8	1083.3	1094.6	1105.3	1115.6	1126.7
対名目GDP比（％）	189.2	186.9	183.7	180.3	176.3	172	167.9

国の一般会計

	2018年度	2019年度	2020年度	2021年度	2022年度	2023年度	2024年度
歳出	97.7	99	101.2	103	105.5	108.6	112.4
基礎的財政収支対象経費	74.4	76.9	79.1	80.9	82.9	84.9	86.9
社会保障関係費	33	34.2	36.6	37.4	38.3	39.2	40.2
地方交付税等	15.5	15.8	16.5	16.9	17.5	18.1	18.6
その他	25.9	26.8	26.1	26.5	27	27.6	28.1
国債費	23.3	22.1	22.1	22.2	22.6	23.7	25.5
税収等	64	67.5	71.1	73.1	75.5	78.1	80.8
基礎的財政収支	−10.4	−9.4	−8	−7.7	−7.4	−6.8	−6.2

	2019年度	2020年度	2021年度	2022年度	2023年度	2024年度
基礎的財政収支対象経費増加率（％）	3.36	2.86	2.28	2.47	2.41	2.36
税収等増加率（％）	5.47	5.33	2.81	3.28	3.44	3.46

出所：「中長期の経済財政に関する試算」で示された数値をもとに筆者加工作成。

10.4兆円（2027年度）の黒字になっている。他方，国は，基礎的財政収支は，16.6兆円（2018年度）の赤字から，8.4兆円（2027年度）の赤字で，赤字の額は減少するが，赤字傾向は続いている。しかし，国と地方を合計すると，基礎的財政収支はゼロになるので，財政再建は可能としている。国の基礎的財政収支の赤字は続くが，対名目GDP比でみると，赤字比率が着実に減少し，2028年度以降になるが，国の基礎的財政収支の赤字も着実に減少するので，国の財政

再建も実現できるとみている。

国の一般会計の基礎的財政収支をみると，2018年度10.4兆円の赤字であるが，減少傾向は明確で，2027年度には赤字は3.5兆円まで縮小し，基礎的財政収支の赤字は着実に減少しており，財政健全化も時間の問題ということになる。

基礎的財政収支赤字が着実に減少するのは，税収等の伸び率が，基礎的財政収支対象費用の増加率を上回るからである。2027年度には，税収等伸び率が3.58％，基礎的財政収支対象費用増加率2.53％で，前者が後者を1％程度上回っている。この状態が2028年以降も続くとすれば，早晩基礎的財政収支は均衡し，国の財政は健全化の道を歩むことになる（以上，表6.1参照）。

ここでは，税収等伸び率が3.58％にのぼるということが，財政健全化の決定的な要因である。税収等伸び率3.58％は，同年度の名目GDP成長率3.5％にほぼ等しいので，税収の増加は，名目GDP成長率3.5％に見合った税の自然増収ということになる。

「成長実現ケース」では，名目GDP成長率3.5％が長期的に実現できるかどうかが，財政再建の試金石ということになる。そこでは，アベノミクスにおける成長戦略によって実質GDP成長率が2％，異次元の金融緩和政策によってGDPデフレーター上昇率1.4％（消費者物価上昇率では2％）をそれぞれ実現することが不可欠である。アベノミクスの財政再建の道筋がみえるということは，成長戦略と異次元の金融緩和政策が想定通りの成果を上げることを大前提にしているのである。

	2025年度	2026年度	2027年度
	2	2	2
	3.5	3.5	3.5
	694.4	718.8	743.9
	2	2	2
	1.4	1.4	1.4
	2.6	3.2	3.5
	−2.4	−0.2	2
	−0.3	0	0.3
	−9.9	−9	−8.4
	−1.4	−1.2	−1.1
	7.5	8.8	10.4
	1.1	1.2	1.4
	1138.8	1152.7	1168.9
	164	160.4	157.1

（単位：兆円）

	2025年度	2026年度	2027年度
	116.7	121.7	127.3
	88.7	90.8	93.1
	41.2	42	43
	18.9	19.5	20.3
	28.6	29.2	29.8
	28	31	34.2
	83.6	86.5	89.6
	−5.1	−4.2	−3.5

	2025年度	2026年度	2027年度
	2.07	2.37	2.53
	3.47	3.47	3.58

もし異次元の金融緩和政策が消費者物価上昇率2％を達成しなければ、アベノミクスの財政再建の道筋は幻におわってしまう。黒田日銀総裁が異次元の金融緩和政策を断固維持すると主張するのは、日銀の対応がアベノミクスにおける財政再建ができるかどうかの生命線を握っているからである。

「成長実現ケース」では、出口問題も考慮されている。2022年度から本格的に名目長期金利が上昇し始め、0.8％（2022年度），1.4％（2023年度），2％（2024年度），2.6％（2025年度），3.2％（2026年度）と上昇し，2027年度には3.5％まで上昇する。当然、利払いは増加するが、基礎的財政収支が均衡するという見通しは明確であり、長期利子率＝名目GDP成長率という条件を満たしているので、債務残高・名目GDP比は将来的に収束し、財政再建の道筋が見えてくる。そのような状況では、国債市場が大きく動揺する可能性は低く、出口問題も楽観的に描いている。

しかし、アメリカとの経済関係などによって、デフレ脱却以前に出口戦略をとらざるを得ないとき、財政再建はどのようになるのであろうか。その具体的姿をみるためには、試算の「ベースラインケース」を考察するのが有用である。

2.3 「ベースラインケース」の考察

「ベースラインケース」は、成長戦略および異次元の金融緩和政策が想定した十分な効果をあげることができず、デフレ脱却は道半ばである。この場合、中長期的には、実質GDP成長率1.2％程度，GDPデフレーター上昇率0.5％程度（このとき、消費者物価上昇率は2023年度に1.1％程度）で中長期の名目経済成長率は1.7％程度にとどまるとしている。一般会計の歳出・歳入に関する財政政策の考え方は、「成長実現ケース」と同じである。

デフレ脱却ができないまま出口戦略が始まりことを想定しており、名目長期金利は、0.7％（2022年度），1.3％（2023年度），1.8％（2024年度），2％（2025年度），2.1％（2026年度），2.1％（2027年度）にと上昇すると想定している。

このとき、国と地方をあわせた基礎的財政収支は、2027年度になっても7.2兆円の赤字である。公債等残高の対名目GDP比は、逓減傾向を示さず、180前後で2027年度まで推移している。地方の基礎的財政収支は、黒字で増加傾向を示しているが、他方、国の基礎的財政収支は、11.84兆円（2027年度）の

赤字で，国の赤字額が地方の黒字額を上回るため，トータルした場合も赤字傾向は続く。

　国の一般会計の基礎的財政収支をみると，2027年度には7.4兆円の赤字のまま高止まりしている。2028年度以降も赤字基調ということになる。基礎的財政収支の赤字の減少傾向がみられないのは，税収等の伸び率が，基礎的財政収支対象費用の増加率をやや上回る程度にとどまるからである。たとえば，2027年度には，税収等伸び率が1.67％，基礎的財政収支対象費用増加率1.52％で，前者が後者をわずかしか上回っていない。税収等増加率1.67％は，同年度の名目経済成長率1.6％にほぼ等しく，経済成長率に依存した税の自然増だけでは，財政再建の見通しは立たないということを意味する。

　2027年度の公債等残高をみると，「成長実現ケース」が1169兆円であるのに対して，「ベースラインケース」では1184兆円で15兆円も公債等残高が増加しており，2028年以降雪だるま式に国家累積債務が増加する危険性が高い（以上，表6.2参照）。

　消費者物価上昇率2％を達成する以前に，出口戦略を実行したら，財政健全化の道筋がみられないまま国の債務が野放図に増加する可能性があるため，日本の国債に対する信認は落ち国債価格が暴落し，金融システムが大きく動揺する可能性がある。このような事態が予想されるがゆえに，黒田日銀総裁はデフレ脱却以前の出口戦略を実行することができないのであり，出口戦略を描くことなく，ずるずると異次元の金融緩和政策を続けざるをえない状況が予想される。

　アベノミクスの財政再建は，要するに名目経済成長率を高めて税収の自然増収に依存するというところに最大の特徴があり，日銀は，異次元の金融緩和政策によってデフレ脱却を達成して財政再建を担うという重荷を背負っているのである。しかし，名目経済成長率に依存した財政再建は雲を摑むような不確実性を抱えており，財政再建が可能かどうかはアベノミクスをやってみないとわからないという無責任さを包含している。

　日本経済の未来を考えた場合，財政リスクという「時限爆弾」を早く処理して次世代に日本経済の運営を引き継ぐべきである。したがって，できるだけ不確実性を取り除き，財政健全化の道筋が明確になるような財政再建策を検討す

表 6.2 「ベースラインケース」の想定と試算結果

ベースライン

	2018年度	2019年度	2020年度	2021年度	2022年度	2023年度	2024年度
実質GDP成長率（％）	1.5	1.5	1.2	1.2	1.2	1.2	1.2
名目GDP成長（％）	1.7	2.8	2.1	1.7	1.7	1.7	1.7
名目GDP（兆円）	558	573.5	585.7	595.8	606.1	616.2	626.6
消費者物価上昇率（％）	1.1	1.5	1.4	1.1	1.1	1.1	1.1
GDPデフレーター上昇率（％）	0.2	1.3	0.9	0.5	0.6	0.5	0.5
名目長期金利（％）	0	0	0	0.2	0.7	1.3	1.8
基礎的財政収支（兆円）	−15.7	−13.3	−9	−8.9	−8.8	−8.6	−8.4
対名目GDP比（％）	−2.8	−2.3	−1.5	−1.5	−1.5	−1.4	−1.3
国（兆円）	−16.6	−14.5	−12.7	−12.7	−12.9	−12.8	−12.6
対名目GDP比（％）	−3	−2.5	−2.2	−2.1	−2.1	−2.1	−2
地方（兆円）	0.8	1.2	3.7	3.8	4	4.2	4.2
対名目GDP比（％）	0.1	0.2	0.6	0.6	0.7	0.7	0.7
公債等残高（兆円）	1055.8	1071.8	1083.5	1095	1107	1119.7	1133.5
対名目GDP比（％）	189.2	186.9	185	183.8	182.7	181.7	180.9

国の一般会計

	2018年度	2019年度	2020年度	2021年度	2022年度	2023年度	2024年度
歳出	97.7	99	100.9	102.1	103.8	105.9	108.6
基礎的財政収支対象経費	74.4	76.9	78.7	79.9	81.2	82.4	83.5
社会保障関係費	33	34.2	36.5	37.1	37.8	38.5	39.2
地方交付税等	15.5	15.8	16.3	16.6	16.9	17.2	17.4
その他	25.9	26.8	25.9	26.2	26.5	26.8	27
国債費	23.3	22.1	22.1	22.2	22.6	23.5	25.1
税収等	64	67.5	70.6	71.8	73	74.2	75.5
基礎的財政収支	−10.4	−9.4	−8.2	−8.2	−8.2	−8.2	−8.1

	2019年度	2020年度	2021年度	2022年度	2023年度	2024年度
基礎的財政収支対象経費増加率（％）	3.360	2.341	1.525	1.627	1.478	1.335
税収等増加率（％）	5.469	4.593	1.700	1.671	1.644	1.752

出所：表6.1に同じ。

ることが政府の大きな役割である。以下では，今後の財政再建策のありかたについて，筆者の見解をまとめたい。

第6章　異次元の金融緩和政策と財政再建　143

	2025年度	2026年度	2027年度
	1.2	1.2	1.1
	1.7	1.7	1.6
	637.3	648.2	658.7
	1.1	1.1	1.1
	0.5	0.5	0.5
	2	2.1	2.1
	−8.1	−7.6	−7.2
	−1.3	−1.2	−1.1
	−12.1	−11.8	−11.8
	−1.9	−1.8	−1.8
	3.9	4.2	4.6
	0.6	0.6	0.7
	1148.9	1165.7	1184
	180.3	179.8	179.8

（単位：兆円）

	2025年度	2026年度	2027年度
	111.5	114.7	118
	84.4	85.5	86.8
	39.8	40.4	41
	17.2	17.5	17.9
	27.3	27.6	27.9
	27.1	29.2	31.2
	76.8	78.1	79.4
	−7.6	−7.4	−7.4

	2025年度	2026年度	2027年度
	1.078	1.303	1.520
	1.722	1.693	1.665

3　これからの財政再建策の基本的方向性

3.1　財政健全化に不可欠な貨幣賃金率の上昇

　税収の自然増を実現しようとすれば，名目GDPがある程度毎年増加する必要がある。デフレ状態で名目GDPが減少すれば税収も減少することになる。したがって日銀が目指すデフレ脱却は引き続き大切な政策課題である。そこで重要なことは，異次元の金融緩和政策だけでは物価上昇が困難であり，結局，物価上昇は賃金上昇をともなわなければ持続可能でないという点である。

　1970年代はインフレに悩まされた時期であった。たとえば，第1次石油危機で石油価格が大幅に上昇し，ありとあらゆる財・サービス価格が大幅に上昇し，物価上昇が起こり，その状態が相当の期間持続するというインフレが発生した。

　もし，すべての財・サービス価格が上昇し，家計の名目所得が増えなければ，おのずから購買力は低下し，財・サービスの需要は鈍化し，一層の物価上昇は起こらず，インフレーション現象にはいたらないはずである。しかし，この時期物価上昇が続いたにもかかわらず，名目所得が大幅に増加して購買力は低下しなかった。名目所得の大幅増加は大幅な賃金アップによって可能になった。

　1970年代初頭のデータをみると，特に1973年，1974年にGDPデフレーターが大幅に上昇している。1973年をみると，労働生産性上昇率（5.7%），労働分配率上昇率（1.6%）でGDPデフレーターの下げ要因となっているが，貨幣賃金率上昇率（21%）が上げ要因として強く働いている。1974年は，貨幣賃金

表 6.3　1970年代におけるGDPデフレーター上昇率の要因分析[4]

	GDPデフレーター上昇率	貨幣賃金上昇率	労働生産性上昇率	労働分配率上昇率
1971年	5.7	14.6	3.4	4.9
1972年	5.6	14.2	7.9	0.3
1973年	12.7	21.0	5.7	1.6
1974年	20.7	25.7	−0.7	4.9
1975年	7.3	16.2	3.2	4.9
1976年	7.9	11.1	3.2	−0.3
1977年	6.7	10.1	3.2	−0.0

出所:「国民経済計算年報」のデータに基づき筆者が推計。

率上昇率が実に25.7％に達し，これがGDPデフレーター上昇率20.7％を主な要因である（以上，表6.3参照）。

このように，物価が上昇したときは，一般的に需要が減少するはずであるが，物価上昇に賃金上昇が並走することによって，需要の落ち込みが抑えられ，物価上昇が持続するというインフレーションが起こったのである。悪性のインフレーションは歴史的にみても問題であるが，マイルドなインフレーションによって名目GDPを着実に増やしていくことが必要であり，そのためにはすべての労働者の持続的な賃金上昇が不可欠である。

しかし，2000年代に入ると，GDPデフレーターがほとんど毎年下落し，まさにデフレーションの様相である。2000年から2007年をみると，労働生産性上昇率がプラスで，GDPデフレーターの下落要因になっている。労働分配率の下落はマークアップ率の上昇を意味するから上昇要因になっている。貨幣賃金率は下落しているから，下落要因である。労働生産性が上昇したにもかかわらず貨幣賃金率が下落するという異常事態である。この時期，少なくとも，労働生産性上昇率にみあって貨幣賃金率が上昇していたら，深刻なデフレーションを抑制できていたかもしれない（以上，表6.4参照）。

---

[4]　GDPデフレーターの決定要因については，次式から導出した。

$$労働分配率 = \frac{貨幣賃金率 \times 雇用量}{GDPデフレーター \times 実質GDP}$$

表 6.4　2000年以降のGDPデフレーター上昇率の要因分析

	GDPデフレーター上昇率	貨幣賃金上昇率	労働生産性上昇率	労働分配率上昇率
2000年	−1.2	0.2	3.0	−1.5
2001年	−1.2	−1.1	0.7	−0.6
2002年	−1.6	−2.0	1.5	−1.9
2003年	−1.6	−2.2	1.5	−2.1
2004年	−1.4	−1.5	1.8	−1.9
2005年	−1.3	−0.5	0.6	0.1
2006年	−1.1	−1.0	1.2	−1.1
2007年	−0.9	−1.3	1.7	−2.1
2008年	−1.3	0.3	−0.5	2.2
2009年	−0.5	−3.8	−4.0	0.8
2010年	−2.1	0.1	5.1	−2.7
2011年	−1.9	0.5	−0.2	2.7
2012年	−1.0	0.0	1.8	−0.8
2013年	−0.5	−0.2	0.8	−0.4
2014年	1.8	0.9	−0.7	−0.1

出所：「国民経済計算年報」のデータに基づき筆者が推計。

　労働生産性が上昇したにもかかわらず貨幣賃金率が下落した要因のひとつは，労働市場の構造的変化によって，非正規労働者が大幅に増加したことによる。労働組合に所属する正規労働者の賃上げがあったとしても，非正規労働者の賃上げは絶望的で，このことが全労働者の賃上げを困難にしている。

　全労働者の賃上げを実現して，マイルドインフレーションの経路に乗ることが重要である。非正規労働者が大幅に増加している現状では，既存の労働組合の力だけで全労働者の賃上げを実現することは困難である。最低賃金制のあり方なども含めて適正な所得分配を決めるための所得政策が必要である。これまでの所得政策についての議論は，賃金抑制を目的としていたという経過をたどるが，現在では全労働者の賃上げを目標とした所得政策を検討していくことが必要な段階にきている。

　所得政策を導入した場合，現在の経済状況では，どの程度の貨幣賃金率上昇率を目標としたらいいのであろうか。ひとつの事例として，「成長実現ケース」が想定している消費者物価上昇率2％を維持しようとすれば，貨幣賃金率は毎年何％上昇させるべきであろうかを考えてみる。

　GDPデフレーター上昇率は，次式で示されている。

GDPデフレーター上昇率
＝貨幣賃金率上昇率－労働生産性上昇率－労働分配率上昇率

簡単化のため，労働分配率および雇用変化率が変化しないとすれば，次式が成立する。

GDPデフレーター上昇率＝貨幣賃金率上昇率－実質GDP成長率

「成長実現ケース」では実質GDP成長率を2％，GDPデフレーター上昇率1.4％（消費物価上昇率で2％）を想定しているから，結局，

貨幣賃金率上昇率
＝GDPデフレーター上昇率＋実質GDP上昇率
＝1.4％＋2％＝3.4％

となり，毎年3.4％程度の貨幣賃金率上昇が持続する必要がある。

この事例では，所得政策によって，貨幣賃金率が持続的に3.4％上昇することを保障し，マイルドインフレーションを現出させることが必要ということになる。名目GDP成長率を高め，税収の自然増を達成して基礎的財政収支の改善を目指すためには，所得政策によって「目標貨幣賃金率上昇率」を達成することが不可欠であり，貨幣賃金率の上昇こそ財政再建のもっとも重要な要因のひとつである。

3.2　税制の改革

税収の自然増収をできるだけ増やすことは必要であるが，それだけに頼る財政健全化は，前述したように雲を摑むような不確実性があり，財政再建策とはいいがたい。財政健全化の道筋を確かなものにするために，基礎的財政収支を均衡化させるための「税収増にかんするガイドライン」を設定することが考えられる。

「成長実現ケース」を参考にすると，基礎的財政収支が均衡化するガイドラインは「税収の増加率＝基礎的財政収支対象費の増加率＋1％程度」とみなすことができるから，まずこのガイドラインから，確保すべき税収増加率を算出する。そのうえで，名目経済成長率の見込みについては「ベースラインケース」を参考にして，税収の自然増加率を算出し，確保すべき税収増加率から税収の自然増加率を差し引いた税収について，税制を改正して増税をはかる政策

図 6.2 一般会計予算における歳出と税収等の推移

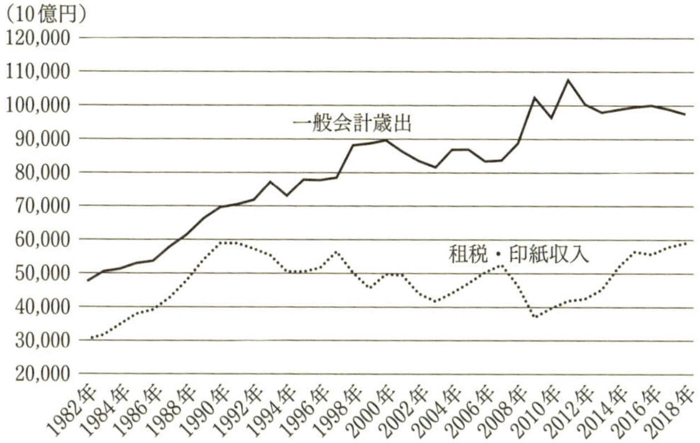

(10億円)

出所:財務省HP掲載の財政データに基づき筆者加工。

が必要になる。

　ここで重要なポイントは，現在の税制は歳出と税収の間に構造的ギャップをかかえているという点である。その構造的ギャップは，消費税導入後に顕著になっている。図 6.2 で一般会計予算の歳出と税収等の推移をみると，消費税導入前はほぼパラレルな動きをしていた。しかし，消費税の導入後，1990年度頃を起点として，両者のギャップがだんだん大きくなった。歳出は増加傾向を示しているが，税収等はほとんど増加していない。

　図 6.3 は，消費税導入後の主要税目の税収の推移をみたものである。消費税率3％が導入（1989年）されたとき消費税は増加したが，1990年以降はあまり増加していない。消費税率が5％になったとき（1997年）も，その直後は消費税が増加しているが，それ以降あまり増えていない。8％増税のとき（2014年）も同様な動きである。

　バブル経済崩壊後日本経済は長期停滞に陥ったが，経済成長はしているわけであるから，時間とともに消費税は増加傾向を示してもいいはずであるが，そのような傾向はみられない。これは，バブル経済崩壊後，名目家計最終消費支出がほとんど増えていないことを反映している。

　他方，所得税はほぼ一貫して減少傾向を示し，法人税は一時期（1994～1997年）を除いてやはり減少傾向であり，直接税は消費税導入以降減少傾向を示し

図 6.3　主な国税収入の推移（1977～2015年度）

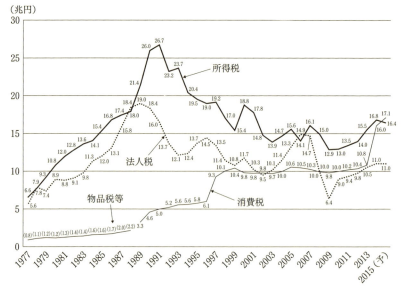

出所：財務省ホームページ。

ていることがわかる。消費税の増加分は直接税の減少分で相殺され，税収全体としての増加は伸び悩むという事態が続いたのである。

　このような事態を招いた原因は，消費税導入の目的とかかわる。消費税は竹下内閣（1987年11月～1989年5月）によって，1989年4月から導入された。消費税導入は，課税所得の捕捉について，一般サラリーマンと自営業者や農業従事者の間に相当の格差が見られ（いわゆる「9・6・4問題」），納税の水平的公平さを担保する必要があるとして，垂直的公平から水平的公平にウエイトをおいて，直間比率を是正することを目的とした税制改革であった。この改革は，増税を目的としたものではなく，あくまでも直間比率の是正であるから，消費税導入とセットにして所得税減税（累進性の緩和）と法人税減税（税率引き下げ）を行った。そのため，税収の増加が少なく，他方，歳出は顕著な増加傾向を示したので，構造的歳入欠陥に陥ったのである。このことは，消費税導入による直間比率是正という税制改革が破たんしたことを示している。

　現行の直間比率では今後とも税収の増加はあまり見込めない。もう一度，戦

後のシャウプ税制の考え方にもどって，所得税の累進制強化や法人税率の引き上げなどによって，税収が経済成長とともに増加傾向を示すように税制における直間比率の見直しを行うべきである。

　財政健全化を確実にするための税収増に関する政策の基本的方向性は次のようにまとめることができる。

①基礎的財政収支の均衡化達成のために「税収の増加率＝基礎的財政収支対象費の増加率＋1％程度」をガイドラインとして設定して，確保すべき税収増加率を算出する。

②名目経済成長率の見込みについては中長期試算の「ベースラインケース」などを参考にして，税収の自然増加分率を算出し，確保すべき税収増加率から税収の自然増加率を差し引いた税収について，税制改革によって増税をはかる。

③税制改革の方向性としては，シャウプ税制の考え方にもとづき，税収の直間比率のあり方を再検討する。

3.3　一般会計の歳出削減は望ましくない

　基礎的財政収支均衡を達成するために一般会計の歳出削減をすることは望ましくない。「成長実現ケース」の場合の社会保障費は高齢化要因と物価上昇分だけ支出を増やすということであった。しかしこれはギリギリの増加率である。この程度の社会保障費の増加では，高齢者の老後生活水準は低下する可能性が高い。

　ひとつは，現行の公的年金制度が維持されても，引退世代の年金給付額は実質的に減少するためである。また，後期高齢者医療制度や介護保険制度では後期高齢者が増加するにつれて，高齢者の保険料や自己負担額が増加する。高齢者にとっては，所得は目減りするのに負担額はどんどん増える可能性がある。老後生活を保障するためには，今後増加する高齢者の負担分を軽減するため政府が税負担を増やす必要がある。にもかかわらず，社会保障費削減を強行し歳出削減をした場合，高齢者の貧困を深刻化させるだけでなく，経済成長にとっても望ましくない。

　表6.5は，戦後日本経済を高度成長期（1956～73年），安定成長期（1974～

表 6.5　戦後日本の実質経済成長率における需要項目別寄与度　　　　　（単位：％）

	民間最終消費支出	民間住宅投資	民間企業設備投資	政府最終消費支出	公的固定資本形成	財貨・サービスの純輸出	国内総支出
1956～1973年	5.45	0.79	1.59	0.63	0.92	−0.26	9.25
1974～1991年	2.12	0.06	0.83	0.33	0.13	0.30	3.77
1992～2014年	0.60	−0.08	−0.05	0.31	−0.04	0.14	0.82

出所：「国民経済計算年報」のデータをもとに筆者が加工・試算。

91年），長期停滞期（1992～2014年）に時期区分して，実質経済成長率に対する需要項目別の寄与度を示したものである。

　ここで留意すべきは，長期停滞期において日本の経済成長を牽引したひとつの需要項目は政府最終消費支出である。これまで経済成長を牽引してきた民間企業設備・民間住宅投資・公的固定資本形成の寄与度は，いずれもマイナスである。そのよう状況のなかで，政府最終費支出の寄与度はプラスである。

　これは，現行の社会保障制度を前提にしても，高齢社会によって，医療や介護に対する税負担は増えざるをえないので，これが政府最終消費支出の寄与度を高めている。皮肉にも高齢社会が日本の経済成長を下支えしていることになる。

　政府最終消費支出の寄与度が高まるのを相殺するように公的固定資本形成の寄与度が低くなっている。トータルでみると一般政府支出の寄与度はややプラスにとどまっているが，経済成長の下支えの役割を十分に果たしていることは重要である。このような状況で政府最終消費支出削減は経済成長の足を引っ張ることになる。経済成長の視点からみても歳出削減は好ましくない。

　参考文献

翁邦雄（2017）『金利と経済』ダイヤモンド社。

河野龍太郎（2013）「金融抑圧政策が始まったのか：「異次元緩和」のもう一つの意味」，『月刊資本市場』No. 334。

河村小百合（2016）「米連邦準備制度の正常化戦略と今後の金融政策運営の考え方」，『JRIレビュー』Vol. 5, No. 35。

第7章　社会保障と財政再建

齋藤立滋

はじめに

　本章では，21世紀半ばまでの日本の社会保障と財政再建について議論する。まず，社会保障の現状と将来予測について，給付費の面から明らかにする。次に，社会保障の必要性は今後ますます高まることを，4つの現象から明らかにする。最後に，日本の財政は赤字が拡大しているが，税収を増やし財政赤字を縮小するために，雇用や生活を保障し下支えする社会保障を充実させるべく給付を必要な分だけ増やすことの重要性を明らかにする。同時に，税収を増やすためには，消費税に依存することには限界があり，所得や資産に対する課税や，環境や金融，ITなど国際的な取引に関わる税も創設するなどして税収を増やすことを提案する。

1　社会保障の現状と将来予測

　日本の社会保障について，国立社会保障・人口問題研究所発表の『社会保障費用統計』のうち，社会保障給付費で明らかにする。表7.1は，社会保障給付費の部門別推移を表わしたものである。1985年度から2010年度までは5年ごと，2011年度以降は各年度ごとに表わした。総額をみると，2016年度は116兆9027億円である。部門別とその給付の構成割合をみると，医療は38兆3965億円で32.8％，年金は54兆3770億円で46.5％，福祉その他は24兆1291億円で20.6％である。どれも過去最高の額を示している。
　2016年度の社会保障給付費116兆9027億円の対国内総生産比は21.68％，対国民所得比は29.84％であり，これも過去最高の割合を示した[1]。このように，社会保障給付費は年々過去最高を更新しつつ増え続け，今後も増えることが予想される。

表 7.1 社会保障給付費の部門別推移

年度	社会保障給付額（億円）					給付構成割合（％）				
	計(A)	医療(B)	年金(C)	福祉その他(D)	介護対策(E)	計	B/A	C/A	D/A	E/A
1985	356,798	143,595	167,193	46,009	—	100.0	40.2	46.9	12.9	—
1990	474,153	186,254	237,772	50,128	—	100.0	39.3	50.1	10.6	—
1995	649,842	246,608	330,614	72,619	—	100.0	37.9	50.9	11.2	—
2000	783,985	266,049	405,367	112,570	32,806	100.0	33.9	51.7	14.4	4.2
2005	888,529	287,444	461,194	139,890	58,701	100.0	32.4	51.9	15.7	6.6
2010	1,053,646	336,439	522,286	194,921	75,082	100.0	31.9	49.6	18.5	7.1
2011	1,082,706	347,808	523,227	211,671	78,881	100.0	32.1	48.3	19.6	7.3
2012	1,090,741	353,384	532,303	205,054	83,965	100.0	32.4	48.8	18.8	7.7
2013	1,107,755	360,706	538,772	208,277	87,879	100.0	32.6	48.6	18.8	7.9
2014	1,121,688	367,759	535,076	218,854	91,896	100.0	32.8	47.7	19.5	8.2
2015	1,154,007	381,592	540,900	231,515	94,049	100.0	33.1	46.9	20.1	8.1
2016	1,169,027	383,965	543,770	241,291	96,045	100.0	32.8	46.5	20.6	8.2

出所：国立社会保障・人口問題研究所 (2018)『社会保障費用統計』。http://www.ipss.go.jp/ss-cost/j/fsss-h28/fsss_h28.asp

注：1) 四捨五入の関係で総数が一致しない場合がある。
  2) 部門別分類は集計表 2 を再集計したものである。部門別「医療」は集計表 2 の「疾病・産産－医療」と「業務災害－医療」の計、「年金」は「業務災害－年金」と「年金」の計、「福祉その他」はこれら以外の項目の計である。
  3) 介護対策は、2000年度から再掲をしている。
  4) 2011年度集計時に新たに追加した費用について、2005年度まで遡及したことから、2004年度との間で段差が生じている。
  5) 2015年度から、保育に要する費用に加え、小学校就学前の子どもの教育に要する費用も計上している。

次に、将来予測をみてみよう。2018年5月21日、内閣府の経済財政諮問会議において、「「2040年を見据えた社会保障の将来見通し（議論の素材）」等について」が公表された。これは、内閣官房・内閣府・財務省・厚生労働省が、高齢者人口がピークを迎える2040年頃を見据え、社会保障給付や負担の姿を一定の仮定を置いたうえで、将来見通しを作成したものである[2]。社会保障給付の見通し（経済：ベースラインケース、現状投影）[3]をみてみよう。2018年

---

1) 国立社会保障・人口問題研究所 (2018)『社会保障費用統計』「概要と解説」、http://www.ipss.go.jp/ss-cost/j/fsss-h28/H28-kaisetsu.pdf
2) 人口、経済の前提、将来見通しの内容の詳細については、厚生労働省 (2018a) を参照のこと。
3) 経済前提は2つのケースで試算している。ベースラインケースと成長実現ケースである。

度は名目121.3兆円，2025年度は名目140.4兆～140.8兆円，2040年度は名目188.5兆～190.3兆円である。

2　社会保障がより重要となる4つの現象

今後，社会保障の必要性はますます高まる。なぜだろうか。それは，4つの現象にある。

現象の1つ目は，人口の高齢化である。高齢者が増えると，医療や介護への需要が増え，社会保障給付は増加する。現象の2つ目は，団塊ジュニア世代の扶養率が上昇することである。少子化の影響で，団塊ジュニア世代の高齢期を支える担い手が少なくなり，自助や家族内扶養が限界に達し，社会的支援が必要になることが予想される。

表7.2は，国立社会保障・人口問題研究所「日本の将来推計人口（平成29年推計）」の「出生中位（死亡中位）推計」にもとづき，2020年以降5年ごとに2050年までの推移を表したものである[4]。まず，総人口についてみると，人口は減少する。1億2533万人から1億642万人となる。生産年齢人口も減少する。7406万人から5275万人となる。65歳以上の高齢者の人口についてみると，3619万人から3841万人と増加する。後期高齢者は1872万人から2417万人と増加する。後期高齢者は，前期高齢者と比べて，医療費や介護費が高くなる傾向があることから，今後は後期高齢者向けの対策がよりいっそう必要となると推測される。

次に，団塊の世代とその子ども世代である団塊ジュニア世代の動向をみる。一般的に，団塊世代は1947年から1949年に生まれた人をさし，団塊ジュニア世代は1971年から1974年に生まれた人をさす。なぜ，団塊の世代が注目されるのだろうか。理由は2点である。第1に，第2次世界大戦後の戦後第1次ベビーブームにおいて，出生数が約270万人ずつ[5]と他の世代の出生数よりも群

---

4) 以下，とくにことわりのない限り，2020年と2050年の2時点を比較する。
5) 厚生労働省「人口動態調査」によると，出生数は267万8792人（1947年），268万1624人（1948年），269万6638人（1949年）である。

表 7.2　人口の動向

	2020年	2025年	2030年	2035年	2040年	2045年
総人口	125,325	122,544	119,125	115,216	110,919	106,421
生産年齢人口	74,058	71,701	68,754	64,942	59,777	55,845
65歳以上人口	36,192	36,771	37,160	37,817	39,206	39,192
団塊世代	71〜73歳	76〜78歳	81〜83歳	86〜88歳	91〜93歳	96〜98歳
団塊世代人口	6,104	5,611	4,869	3,787	2,413	1,096
団塊ジュニア世代	46〜49歳	51〜54歳	56〜59歳	61〜64歳	66〜69歳	71〜74歳
団塊ジュニア世代人口	7,906	7,824	7,708	7,544	7,309	6,975
前期高齢者数	17,472	14,971	14,275	15,219	16,814	16,426
後期高齢者数	18,720	21,800	22,884	22,597	22,392	22,767
高齢化率（単位：%）	28.9	30.0	31.2	32.8	35.3	36.8
扶養率①（65歳以上人口）	0.489	0.513	0.540	0.582	0.656	0.702
扶養率②（75歳以上人口）	0.253	0.304	0.333	0.348	0.375	0.408
扶養率③（団塊世代）	0.082	0.078	0.071	0.058	0.040	0.020
扶養率④（団塊ジュニア世代）	—	—	—	—	0.122	0.125

出所：国立社会保障・人口問題研究所「日本の将来推計人口（平成29年推計）」より引用。
注：1)　各年10月1日現在の総人口（日本における外国人を含む）。
　　2)　団塊世代は，1947〜1949年生まれ，団塊ジュニア世代は，1971〜1974年生まれをさす。
　　3)　扶養率は，生産年齢人口（15〜64歳）を分母とし，①65歳以上人口，②75歳以上人口，③団塊世代，④団塊ジュニア世代を分子において計算した数値である。

を抜いて多かったからである。第2に，第1の理由から，経済社会の動向に大きな影響を与えるからである。とくに，社会保障においては，公的年金給付額や医療需要・介護需要が増加するといわれ，実際に増加してきた。一方，団塊ジュニア世代は，団塊世代の子ども世代として，出生数が約200万人台ずつ[6]になっている。

　ここで，団塊世代と団塊ジュニア世代の人口動向に注目し，扶養率を定義・計算し，考察する。扶養率は，生産年齢人口（15〜64歳）を分母とし，①65歳以上人口，②75歳以上人口，③団塊世代，④団塊ジュニア世代を分子において計算した数値である。扶養率は，その数値が高くなると，生産年齢人口が支える度合いが高くなることを示す。扶養率の計算結果について，次の2点が明らかとなる。

---

[6]　厚生労働省「人口動態調査」によると，出生数は200万973人（1971年），203万8682人（1972年），209万1983人（1973年），202万9989人（1974年）である。

第1に，扶養率①，扶養率②は，年々高くなり，生産年齢人口が支える度合いが高くなることである。扶養率①は，0.489から0.728と高くなる。扶養率②も，0.253から0.458と高くなる。2042年以降，65歳以上人口は減少していくものの，扶養率は年々高くなることに注目しておきたい。

第2に，従来，団塊の世代の人口動向が大きく注目されているが，団塊ジュニア世代の人口動向にも注意を払う必要がある。団塊世代は2020年には610万人，2025年には561万人となり，扶養率③をみると，2020年には0.082，2025年には0.078と減少する。逆に，団塊ジュニア世代は，その全員が65歳以上になる2040年から2050年までの人口は，731万人，698万人，650万人となる。扶養率④をみると，0.122，0.125，0.123となる。団塊ジュニア世代の扶養率は，団塊世代よりも高くなることがわかる[7]。

現象の3つ目は，世帯の単身化，とくに高齢世帯の単身化が進むことである。高齢単身世帯の場合，病気で寝込んだり，要介護状態になったとき，外部の日常生活の支援が必要となる。また，定期的に，各家庭を巡回したり，話し相手になるなどの見守りが欠かせなくなる。

表7.3は，家族類型別一般世帯数および割合と平均世帯人員を表わしたものである[8]。まず，一般世帯数総数は，5333万世帯（2015年）から5412世帯（2025年）まで増え，その後5076万世帯（2040年）へと減少する。内訳として，核家族世帯が最も多く，2987万世帯（2015年，一般世帯数の56.0％）から3025万世帯（2020年，同55.9％）まで増え，その後2746（2040年，同54.1％）へと減少する。次いで，単独世帯は1842万世帯（2015年，同34.5％）から2025万世帯（2030年，同37.9％）まで増え，その後1994万世帯（2040年，同39.3％）まで減少する。

表7.4は，世帯主が65歳以上および75歳以上の者の，世帯の家族類型別世

---

7) 人口の高齢化と扶養率の議論は，齋藤（2018）36-38ページより要約引用。
8) 以下，とくに断りのないかぎり，2015年と2040年の2時点を比較する。

表 7.3　家族類型別一般世帯数および割合と平均世帯人員

年次	総数	単独	核家族世帯				その他
			総数	夫婦のみ	夫婦と子	ひとり親と子	

世帯数（1,000世帯）

年次	総数	単独	総数	夫婦のみ	夫婦と子	ひとり親と子	その他
1980年	35,824	7,105	21,594	4,460	15,081	2,053	7,124
1985年	37,980	7,895	22,804	5,212	15,189	2,403	7,282
1990年	40,670	9,390	24,218	6,294	15,172	2,753	7,063
1995年	43,900	11,239	25,760	7,619	15,032	3,108	6,901
2000年	46,782	12,911	27,332	8,835	14,919	3,578	6,539
2005年	49,063	14,457	28,394	9,637	14,646	4,112	6,212
2010年	51,842	16,785	29,207	10,244	14,440	4,523	5,765
2015年	53,332	18,418	29,870	10,758	14,342	4,770	5,044
2020年	54,107	19,342	30,254	11,101	14,134	5,020	4,510
2025年	54,116	19,960	30,034	11,203	13,693	5,137	4,123
2030年	53,484	20,254	29,397	11,138	13,118	5,141	3,833
2035年	52,315	20,233	28,499	10,960	12,465	5,074	3,583
2040年	50,757	19,944	27,463	10,715	11,824	4,924	3,350

割合（%）

年次	総数	単独	総数	夫婦のみ	夫婦と子	ひとり親と子	その他
1980年	100.0	19.8	60.3	12.5	42.1	5.7	19.9
1985年	100.0	20.8	60.0	13.7	40.0	6.3	19.2
1990年	100.0	23.1	59.5	15.5	37.3	6.8	17.4
1995年	100.0	25.6	58.7	17.4	34.2	7.1	15.7
2000年	100.0	27.6	58.4	18.9	31.9	7.6	14.0
2005年	100.0	29.5	57.9	19.6	29.9	8.4	12.7
2010年	100.0	32.4	56.4	19.8	27.9	8.7	11.1
2015年	100.0	34.5	56.0	20.2	26.9	8.9	9.5
2020年	100.0	35.7	55.9	20.5	26.1	9.3	8.3
2025年	100.0	36.9	55.5	20.7	25.3	9.5	7.6
2030年	100.0	37.9	55.0	20.8	24.5	9.6	7.2
2035年	100.0	38.7	54.5	21.0	23.8	9.7	6.8
2040年	100.0	39.3	54.1	21.1	23.3	9.7	6.6

出所：国立社会保障・人口問題研究所（2018）「日本の世帯数の将来推計（全国推計）（2018年推計）」より引用。

注：1）　四捨五入のため合計は必ずしも一致しない。
　　2）　2015年は家族類型不詳を案分した世帯数。
　　3）　2010年の総数には家族類型不詳を含む。割合の分母には不詳を含まない。

帯数および割合を表わしたものである。世帯主が65歳以上の者の世帯数総数は1918万世帯（2015年）から2242万世帯（2040年）へと増える。うち，夫婦のみの世帯は628万世帯（65歳以上の者の世帯の32.7％）から687万世帯（同

表 7.4 世帯主 65 歳以上・75 歳以上の世帯の家族類型別世帯数，割合（2015〜2040 年）

年　次	総　数	単　独	核家族世帯				その他
			総数	夫婦のみ	夫婦と子	ひとり親と子	

世帯数（1,000 世帯）
世帯主 65 歳以上

2015年	19,179	6,253	10,800	6,277	2,862	1,661	2,126
2020年	20,645	7,025	11,551	6,740	2,990	1,821	2,069
2025年	21,031	7,512	11,582	6,763	2,915	1,904	1,937
2030年	21,257	7,959	11,483	6,693	2,842	1,948	1,816
2035年	21,593	8,418	11,449	6,666	2,811	1,972	1,727
2040年	22,423	8,963	11,752	6,870	2,906	1,976	1,708

世帯主 75 歳以上（再掲）

2015年	8,883	3,369	4,575	2,735	970	870	939
2020年	10,424	3,958	5,521	3,279	1,202	1,039	945
2025年	12,247	4,700	6,519	3,881	1,435	1,203	1,029
2030年	12,763	5,045	6,693	3,976	1,454	1,264	1,025
2035年	12,403	5,075	6,371	3,762	1,356	1,253	957
2040年	12,171	5,122	6,153	3,635	1,299	1,220	896

割合（%）
世帯主 65 歳以上

2015年	100.0	32.6	56.3	32.7	14.9	8.7	11.1
2020年	100.0	34.0	56.0	32.6	14.5	8.8	10.0
2025年	100.0	35.7	55.1	32.2	13.9	9.1	9.2
2030年	100.0	37.4	54.0	31.5	13.4	9.2	8.5
2035年	100.0	39.0	53.0	30.9	13.0	9.1	8.0
2040年	100.0	40.0	52.4	30.6	13.0	8.8	7.6

世帯主 75 歳以上（再掲）

2015年	100.0	37.9	51.5	30.8	10.9	9.8	10.6
2020年	100.0	38.0	53.0	31.5	11.5	10.0	9.1
2025年	100.0	38.4	53.2	31.7	11.7	9.8	8.4
2030年	100.0	39.5	52.4	31.2	11.4	9.9	8.0
2035年	100.0	40.9	51.4	30.3	10.9	10.1	7.7
2040年	100.0	42.1	50.6	29.9	10.7	10.0	7.4

出所：国立社会保障・人口問題研究所（2018）「日本の世帯数の将来推計（全国推計）（2018 年推計）」より引用．
注：1）　四捨五入のため合計は必ずしも一致しない．
　　 2）　2015 年は，家族類型，世帯主の年齢不詳を案分した世帯数．

表 7.5　生活保護制度における被保護実人員（月平均）

	2012年度	割合（%）	2013年度	割合（%）	2014年度	割合（%）
被保護実人員	2,135,708	100.0	2,161,612	100.0	2,165,895	100.0
保護率（人口百対）（％）2)	1.67		1.70		1.70	
生活扶助	1,928,241	90.3	1,941,036	89.8	1,946,954	89.9
住宅扶助	1,811,575	84.8	1,835,940	84.9	1,843,587	85.1
医療扶助	1,716,158	80.4	1,745,615	80.8	1,763,405	81.4
介護扶助	269,793	12.6	290,174	13.4	310,359	14.3
教育扶助	159,038	7.4	154,014	7.1	148,462	6.9
その他の扶助1)	61,602	2.9	60,870	2.8	59,357	2.7

出所：厚生労働省（2018）「平成28年度被保護者調査」https://www.mhlw.go.jp/toukei/list/74-16.html
注：1)　「その他の扶助」は，「出産扶助」「生業扶助」「葬祭扶助」の合計である。
　　2)　保護率は，各年度について月平均の被保護実人員を総務省統計局発表の人口推計「各年10月1日現在推計。ただし，平成27年度は「平成27年国勢調査人口等基本集計」の総人口で除した。

図 7.1　生活保護制度における被保護実人員の推移（月平均）

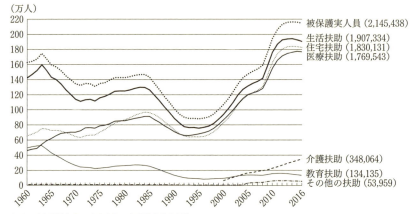

出所：厚生労働省（2018）「平成28年度被保護者調査」https://www.mhlw.go.jp/toukei/list/74-16.html
注：1）平成23年度までは「福祉行政報告例」。
　　2）「その他の扶助」は，「出産扶助」「生業扶助」「葬祭扶助」の合計である。

30.6％）へと増える。また，単独世帯は625万世帯（同32.6％）から896万世帯（同40.0％）へと増える。単独世帯の増加が著しい[9]。

---

9)　世帯の単身化の議論は，齋藤（2018）41-43ページより引用。

	2015年度		2016年度		対前年度	
		割合(％)		割合(％)	増減数	増減率(％)
	2,163,685	100.0	2,145,438	100.0	△18,247	△0.8
	1.70		1.69			
	1,927,267	89.1	1,907,334	88.9	△19,933	△1.0
	1,842,105	85.1	1,830,131	85.3	△11,974	△0.7
	1,775,997	82.1	1,769,543	82.5	△6,454	△0.4
	329,999	15.3	348,064	16.2	18,065	5.5
	142,067	6.6	134,135	6.3	△7,932	△5.6
	56,569	2.6	53,959	2.5	△2,610	△4.6

計人口（総人口）」で除して算出した。

　現象の4つ目は，多数にのぼる貧困者層の存在である。とりわけ，生活保護世帯の高齢者世帯が増えていることである。高齢者の生活を支えるために，公的年金以外に，生活保護費も必要となっている。高齢者は今後ますます増えることが予想されることから，高齢者世帯向けの生活保護費も増えるであろう。
　表7.5は，生活保護制度における被保護実人員（月平均）を表わしたものである。また，図7.1は，その年次推移（月平均）を表わしたものである。
　被保護実人員は，2016年度月平均で214万5438人となっており，前年度と比べ1万8247人減少しているものの，2011年度以降200万人台を維持し続けている。
　また，表7.6は，被保護世帯数とその世帯類型（月平均）を表わしたものであり，図7.2は世帯類型別被保護世帯数の推移（月平均）を表わしたものである。
　被保護世帯数は2016年度月平均で163万7045世帯で過去最多となった。被保護世帯数を世帯類型別にみると，高齢者世帯が最も多く83万7029世帯となっており，年々増え続けている。
　以上，みてきたように，4つの現象は，単独で，あるいは相互に絡み合って，社会保障の必要性を高めるであろう。

表 7.6 世帯類型別被保護世帯数（月平均）

	2012年度	構成割合(%)	2013年度	構成割合(%)	2014年度	構成割合(%)
総　　数	1,558,510	—	1,591,846	—	1,612,340	—
高齢者世帯	677,577	43.7	719,625	45.4	761,179	47.5
母子世帯	114,122	7.4	111,520	7.0	108,333	6.8
障害者・傷病者世帯計	475,106	30.6	464,719	29.3	453,959	28.3
その他の世帯	284,902	18.4	288,055	18.2	280,612	17.5

出所：厚生労働省（2018）「平成28年度被保護者調査」https://www.mhlw.go.jp/toukei/list/74-16.html
注：総数には保護停止中の世帯も含む。（各世帯類型別の世帯数は保護停止中は含まれていない。）

図 7.2　世帯類型別被保護世帯数の推移（月平均）

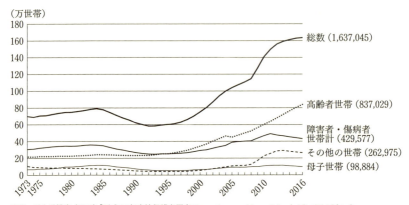

出所：厚生労働省（2018）「平成28年度被保護者調査」https://www.mhlw.go.jp/toukei/list/74-16.html
注：1）平成23年度までは「福祉行政報告例」。
　　2）総数には保護停止中の世帯も含む。（各世帯類型別の世帯数には保護停止中は含まれていない。）

3　雇用保障，生活保障を下支えし，税収を増やす

　今後，社会保障の必要性はいっそう増し，社会保障給付費は増加するであろう。そのような状況で，日本の財政は赤字が拡大している。国および地方の長期債務残高は，2017年度実績見込みで1087兆円になり，対GDP比で198％となっている[10]。

---

10)　財務省（2018）より引用。

	2015年度		2016年度		対前年度	
		構成割合(%)		構成割合(%)	増減数	増減率(%)
	1,629,743	—	1,637,045	—	7,302	0.4
	802,811	49.5	837,029	51.4	34,218	4.3
	104,343	6.4	98,884	6.1	△5,459	△5.2
	442,369	27.3	429,577	26.4	△12,792	△2.9
	271,833	16.8	262,975	16.1	△8,858	△3.3

　税収を増やし財政赤字を縮小するためには，雇用や生活を保障し下支えする社会保障を充実させるべきである。つまり，必要な給付を必要な分だけ増やすことである。そうすれば，人々は日々の生活に安心して働き，リスクに備えて安全に暮らすことができるようになる。所得に対する課税収入も増えるであろう。

　今日，消費税増税に依存することには限界がある[11]。所得や資産に対する課税や，環境や金融，ITなど国際的な取引に関わる税も創設するなどして税収を増やすべきである。

参考文献・資料
国立社会保障・人口問題研究所 (2018)『平成28年度 社会保障費用統計』http://www.ipss.go.jp/ss-cost/j/fsss-h28/fsss_h28.asp
齋藤立滋 (2018)「高齢者をとりまく経済社会環境と介護・健康格差」,『大阪産業大学経済論集』第19巻第3号，35-55ページ。
財務省 (2018)「日本の財政関係資料（平成30年3月）」https://www.mof.go.jp/budget/fiscal_condition/related_data/201803.html
厚生労働省 (2018a)「「2040年を見据えた社会保障の将来見通し（議論の素材）」等について（平成30年5月21日）」https://www.mhlw.go.jp/stf/seisakunitsuite/bunya/0000207382.html
厚生労働省 (2018b)「平成28年度被保護者調査」https://www.mhlw.go.jp/toukei/list/74-16.html。
国立社会保障・人口問題研究所 (2018)「日本の世帯数の将来推計（全国推計）（2018年推計）」http://www.ipss.go.jp/pp-ajsetai/j/HPRJ2018/t-page.asp

---

11) 拙稿「コラム　消費税と社会保障」を参照。

コラム　消費税と社会保障　　　　　　　　　　　齋藤立滋

　日本では，消費税は1989年4月に導入された。当初，3％から出発し，1997年4月に5％，2014年4月に8％に引き上げられた。2019年10月には，10％に引き上げられる予定である。

　消費税は，財・サービスの取引に課税される。消費税の最大の問題点は，負担の逆進性である。すなわち，所得に対する消費税の負担率は，低所得者が高所得者よりも高い。消費額は，高所得者も低所得者も（一時的な高額消費を除いて）ほぼ同じなので，低所得者のほうが所得に占める消費の割合が高いためである。課税原則のうち，「担税力の高いものは高い負担を負うべき」という負担の垂直的公平性に反することになる。これまでこの逆進性の是正もせず，負担の垂直的公平性に反したまま，消費税は引き上げられてきた。

　さて，消費税は，一般的に，社会保障の財源として使用されているといわれている。本当だろうか。梅原英治大阪経済大学教授によると，1999年度以降の「福祉目的税化」，2014年度以降の「社会保障財源化」は，あくまで予算編成上の話であり，本当の意味での社会保障目的の特定財源・特別会計にはなっておらず，社会保障の経費に充てられていることを確認できない。決算書にも記載はない。したがって消費税は一般財源と変わりないことを指摘している（梅原英治「消費税は社会保障に使われているか」，『経済』No. 273, 2018年6月号，55-67ページより要約引用）。

　では，社会保障の財源を何に求めるのか。所得課税，資産課税ということになるだろう。改めて，課税の原則である垂直的公平性や水平的公平性（同じ経済力の者は同じ負担をすべき）をまっとうし，累進性を高めたり，他の税への課税を強化すべきである。

第8章　日本経済のグローバル化
―― 対外直接・間接投資の動向の検討 ――

林田秀樹

はじめに

　経済のグローバル化とは，経済発展にともなって経済活動が空間的に拡大し，経済システムが変化していく現象である。その経済システムの変化は，市場経済化，企業の多国籍化，経済の金融化などを特徴とする文字通り全地球規模の現象なのであるが，一国の経済がグローバル化するとはどういう現象を指すのであろうか。本書第1章でも述べられている通り，その代表的なものが「国内の経済が停滞するなかで，企業は国外での事業展開を強化し，財・サービスの生産・販売を拡大している」という現象である。その際の（多国籍）企業の行動は，世界各地における低コストでの資金調達，低賃金労働の利用，資源確保，低制約下での生産，円滑な人材確保による研究開発，大消費地への販売，低税率国での租税回避等によって特徴づけられる。企業がますます，上記のような行動をとるのに適した国・地域を選択し活動の拠点を世界的に展開していくことが「経済グローバル化」の重要な一側面をなしている。

　その企業の多国籍化というグローバル化現象に応じて，国内の産業構造が変化し諸外国との貿易構造も変容していく。以前は国内で自給できていた工業製品の生産が海外に移り，当該製品が輸入されるようになるだけでなく，さまざまな貿易自由化が構想されTPP 11（CPTPP）の発効が及ぼす影響に注目が集まっている。また，生産年齢人口が減退していき今後大幅な経済成長が望めないなかでインバウンドに期待が寄せられ，外国人労働力の導入が関心を呼んでいる。そのように，経済の停滞が続く「国内」においてどのようなグローバル化が進行しつつあるのかも，「一国経済のグローバル化」を議論する際に必須の検討課題である。

　およそ以上のような現象である日本経済のグローバル化は広範囲に及ぶ現象

であって，それを全面的に解明することは難事業である。まして，本章だけでそれを行うことは不可能である。そこで本章では，ごく限定的な視点から日本経済のグローバル化の現状を素描することとする。用いるデータは主に日本銀行の国際収支統計で，日本企業の対外直接投資および間接投資の動向に焦点を当てるが，主要な焦点は直接投資である。総額でどれほどの投資が海外に向けて行われてきているか，それらはどの地域にどれだけ向けられてきているか，各地域に向けられたのはどのような産業部門の投資か，そしてそれぞれの投資が生んだ収益がどれほど日本に還流しているか，といった事柄を観察することで，上に記した日本企業のグローバル化行動のいくつかが鮮明に浮かび上がってくるのである。

1 対外直接投資総額の長期的動向

本節では，日本の対外直接投資とそれがもたらす収益の長期的な動向について観察し，それにどのような傾向がみられるかについて検討する。まず，直接投資の動向を全体として把握し，諸データに表われる日本企業の行動が，全体としてどのようにグローバル化という現象と結びついているかを考えることが目的である。

1.1 フローと「収益の再投資」の変動

はじめに，日本の対外直接投資の1970年代半ば以降の長期的な動向を確認しておこう。ただし，絶対額がどう変動したかをみるだけでは十分ではない。比較の対象がなければその絶対額が多いのか少ないのか，変動が激しいのかそうでないのかが明確にならないからである。そこで，第1の比較・相対化の軸として，全世界で実施されている対外直接投資のなかで日本の対外直接投資がどれほどの比重を占めているかを併せてみておくことにする。

図8.1は，日本の対外直接投資額が毎年どれほどの規模で行われているか，それが全世界の当該年の対外直接投資総額に対してどれほどの比率を占めているかを示している。日本の対外直接投資は，プラザ合意が行われた1980年代半ば以降急増して90年には500億ドルを超えるに至り，世界の直接投資総額

図 8.1　日本の対外直接投資額（ネット，フロー）

出所：国連貿易開発会議（UNCTAD）HP（https://unctadstat.unctad.org/wds/ReportFolders/reportFolders.aspx?sCS_ChosenLang=en）より筆者作成。2019年1月14日閲覧。

に占める比率も80年代末から90年にかけて20％前後の水準に達していた。しかしその後，バブル崩壊とともに絶対額は急減・停滞し，世界に占める比率も2000年前後には3％前後の水準にまで低下することになる。この傾向が反転するのは2000年代半ばからで，それ以前の2003年からリーマンショックが発生した2008年までの5年間で絶対額として1000億ドルの急増を果たしている。ショック後の2年間で投資額が半減した後V字回復を遂げ，その後しばらく停滞した時期はあるものの，2010年以降の7年間で再びおよそ1000億ドルの増大が達成されている。直近の2017年では1600億ドル余の水準に達していて，図8.2で示す通り，日本円では約19兆円に上る規模である。全世界の対外直接投資に占める比重も2010年以降加速的に上昇し，14年には10％台を回復して直近では12％に迫っている。

　ところで，この図8.1でも確認されるように，日本経済はバブル崩壊後の1990年以降，10年以上にわたって平成不況と呼ばれる低迷の時期を経験してきた。とくに90年代半ば頃からは，生産年齢人口のピークアウトとも重なって不況が構造化していき，デフレ経済が進行していくことになる。次に，こうした低迷期以降の国内経済に比較・相対化の軸を求めて対外直接投資額の動向が示す特徴について検討してみよう。

　図8.2は，円表示の日本の対外直接投資額と，それが国内の民間設備投資に

図 8.2 日本の対外直接投資と国内民間設備投資の対比

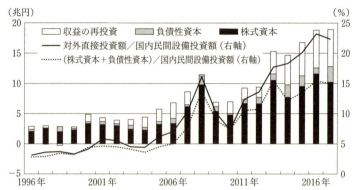

出所：日本銀行HP「国際収支統計」(http://www.stat-search.boj.or.jp/ssi/cgi-bin/famecgi2?cgi=$nme_a000&lstSelection=BP01) および内閣府HP「国民経済計算年次推計」(https://www.esri.cao.go.jp/jp/sna/menu.html) より筆者作成。2019年1月14日閲覧。

対してどのような比率を示しているかをみたものである。ここでまず留意すべきは，この図で対外直接投資を「株式資本」「負債性資本」および「収益の再投資」の3つの構成要素に分割して表示している点である。「株式資本」は「直接投資企業の株式，支店の出資持分およびその他の資本拠出金」を，「負債性資本」は「直接投資関係にある当事者間の資金貸借や債券の取得処分等」を指すものであり，投資の対象となる現地進出企業の経営行動・実物投資に密接に関連する資金フローである。これに対し，「収益の再投資」は，「直接投資企業の未配分収益」であり，「いったん直接投資家に配分されたあと，再び当該投資家によって資本投下されたものとみなして計上」（下線は引用者）されるものであるため，投資先企業の経営行動・実物投資には直接結びつかない留保分といえる[1]。そこで，国内民間設備投資との比率については，対外直接投資全額と，それから「収益の再投資」分を控除した額，すなわち「株式資本」と「負債性資本」のみの合計額それぞれに対してとっている。以上を踏まえ，この図8.2から読み取れる事実について確認していこう。

1990年代半ば以降現在までの間，日本の経済成長を牽引すべき民間投資は，

---

[1] 以上の国際収支項目の定義に関しては，日本銀行HP (http://www.boj.or.jp/statistics/outline/exp/exbpsm6.htm/) より引用。2019年1月14日閲覧。

毎年70兆〜80兆円台の間でほぼ横ばいの状態で推移してきた。国内経済への投資が停滞する傍らで，2000年代半ばから世界金融危機時の落込みを挟みながら対外直接投資が絶対額を伸ばしてきている。それにしたがい，（対外直接投資額／国内民間設備投資額）比率が分子である対外直接投資額の増減をそのまま反映させて変動してきたことが，この図でそれら2つのデータが同調している様子からわかる。成長見通しの立たない国内経済より海外の事業機会に活路を求めようとする企業の姿が反映されているといえる。この比率は，2000年代前半には5％前後であったものが，直近では22〜23％の水準に達している。国内投資の4分の1に迫る水準の投資が，海外に向けて行われていることになる。このような上昇傾向は，（（株式資本＋負債性資本）／国内民間設備投資額）比率についても同様にみられる。

　ただし，「収益の再投資」の額が世界金融危機以降絶対的に増大し，対外直接投資額のなかでも比重を高めてきている。このことを反映して，図に示した2つの比率の差には近年拡大の兆しがみえ，直近では7％ポイント以上の差がついている。この差は「収益の再投資」の国内民間設備投資に対する比率そのものであるが，それほどの規模にまで進出先の国で上がった収益を国内に還流させず，進出先現地での次なる投資機会をうかがうためか，租税支払上もしくはポートフォリオ上の基準によってか，現地に留保しようとする行動が進出企業に顕著にみられるようになってきているのである。

1.2　ストックと「再投資収益」の変動

　さて次に，日本の対外直接投資の累積額とそれがもたらす収益が示す動向について検討しよう。フローの場合と同様にここでも，比較・相対化の軸として，全世界で累積されている対外直接投資のなかで日本の対外直接投資がどれほどの比重を占めているかを併せてみておくことにする。

　図8.3は，日本の対外直接投資の累積額とそれが全世界の対外直接投資累積額に占める比率を示している。累積額の変動からは必ずしも明らかではないが，この比率の変動から，図8.1，図8.2でみた日本の1980年代半ば以降の直接投資額の増大が直接投資累積額における日本のプレゼンスを大きく高めていったことがうかがえる。ピークは1992年で，9.8％に達していた。その後のフロー

図 8.3　日本の対外直接投資額（ストック）

出所：図 8.1 に同じ。

の直接投資額の減退・停滞の影響で 2007 年には 3％を割り込むにいたるが，その前後から顕著に回復を遂げてきている。世界金融危機後は，フローの投資額の急増に応じてストックも加速的に増大し，直近の 2017 年にいたるまでの 10 年間で約 1 兆ドルが累積して現在では 1 兆 5 千億ドルの規模となっている。しかし，全世界の対外直接投資累積額に占める比重の上昇は緩やかであり，世界金融危機後に直接投資額が増大に転じてからでも，4.0％から 4.9％へと 1％ポイント以内の上昇にとどまっている。このことから，他国の対外直接投資も当該期間中に同程度のペースで増大してきていることがわかる。

　それでは，このように積み上がった海外の資本がどれほどの収益を年々生み出してきたのであろうか。このことについてみたのが，図 8.4 である。

　この図では，進出企業の活動から得られる「直接投資収益」を，「再投資収益」とそれ以外とに分割して表示している。再投資収益以外の収益には，進出企業から日本国内の投資家に支払われる配当金，海外支店から本社への利益送金，あるいは日本国内の出資者が受け取る貸付利子や債券利子などの利子所得が含まれる。これに対し，再投資収益は「直接投資企業が稼得した営業利益のうち，投資家に配分されずに内部留保として積み立てられたものを投資家に帰属する持分とみなし，その持分が一旦投資家に配分された」として計上されるものである。これは，その投資家への配分の後「直ちに（進出先現地に―補足は引用者）再投資されたものとして，この項目と「直接投資」の「収益の再投資」

図8.4 日本の直接投資収益

出所：日本銀行HP「国際収支統計」(http://www.stat-search.boj.or.jp/ssi/cgi-bin/famecgi2?cgi=$nme_a000&lstSelection=BP01) より筆者作成。2019年1月14日閲覧。

に同額を計上」するものとされている[2]。したがって，この項目は，直接投資収益の一部を構成しながら日本に送金されることのない収益であり，現地で再投資されたものとして扱われている。そこで，「証券投資収益」や「その他投資収益」を含む「対外投資収益」全体のなかでの直接投資収益の比重をみる際，再投資収益を含む場合と含まない場合とを別々にみることで，日本経済に還元されている収益のみが占める率か否かに分けてその傾向を示している。以上を踏まえ，この図8.4から読み取れる事実について確認していこう。

まず第1に確認できるのは，直接投資収益全体がアジア通貨危機後の1990年代末以降2003年まで2兆円以下の水準で低迷していたのが，その後回復軌道に乗り，現在では約12兆8千億円にまで増大してきているという事実である。フローの直接投資額と同様に世界金融危機の影響で2008年から翌年にかけて大幅な減少を記録することになるが，その後再び急増してきた。上記の直近年の額は，世界金融危機前年の2007年の約5兆2千億円と比較すると2.5倍近い値である。その結果として，直接投資収益が対外投資収益全体のなかで占める比重は22％から42％へとほぼ倍となり，再投資収益を除いた直接投資収益の比重も12.8％から21.7％に上昇している。

---

2) 注1を参照。

第2に確認できる事実は，直接投資収益のなかでも再投資収益の増大が際立っているという点である。2007年以降の10年間では，約2兆2千億円から約6兆2千億円にまで3倍近い増大を果てしてきている。図からわかる通り，再投資収益以外の直接投資収益が対外投資収益に占める比率は2010年以降わずか3％に満たない漸増といえる程度の伸びにとどまっているが，これは，いかにこの間の再投資収益の伸びが激しかったかの表われである。直接投資によってもたらされる収益が増えたとはいえ，実態は日本に還流することなく現地で内部留保される資産が増加しているのであって，それが海外においてさらなる事業規模拡大に結びつけば，日本経済のグローバル化がさらに一層加速されることになる。それは，一国レベルにとどまらない一般的なグローバル化を促進するものでもある。

2　地域別対外直接・間接投資額の長期的動向とグローバル化

　前節でみたように，日本の対外直接投資は2000年代半ば以降，世界金融危機の影響による一時的減退・停滞を経験しながら増大を続けストックを積み上げてきた。それとともに，その海外で蓄積された資本から得られる収益も急激な増大を遂げてきた。本節の課題は，そうした動向を示す日本の対外直接投資およびその収益を投資先の主要な地域ごとに分割し，それぞれがどのように変動しているかについて観察することである。また，対外間接投資にも日本経済のグローバル化と関連した重要な傾向がみられるため，これについて第2項で検討する。

2.1　地域別対外直接投資および同収益の変動

　日本に限らず，諸国の投資家は，必ず「いずれかの国・地域」に対して投資を行う。そして，それらの情報を集計し分類して，投資家の行動の総合結果としての各国の対外直接投資額というデータが得られる。本章の主要な目的は，日本銀行が公表している地域別対外直接投資のデータを用いて，どのような産業部門の日本企業がどの地域に対してどれほど投資を行い，どれほどの収益を得ているかということの特徴を析出することである。そうすることで，日本企

図 8.5 日本の地域別対外直接投資額（フロー）

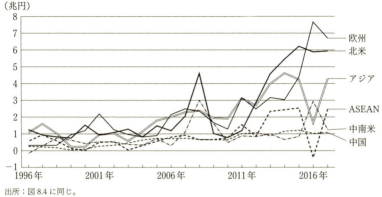

出所：図 8.4 に同じ。

業のグローバル化の具体的な様相を明らかにし，将来の日本経済のあり方について考えるための材料を提供したい。それらを次節で行うために，本項では産業部門を問わず，主要ないくつかの地域に対して日本からどれほどの直接投資が行われてきたかについて観察することとする。まず，図 8.5 をみてみよう。

この図は，主要な地域ごとに日本からの直接投資額の推移を示したものである。これらの地域のほか，大洋州や中東，アフリカなどの地域にも日本から投資が行われているが，いずれも総額が相対的に小さく，ほかの主要な直接投資先地域への投資額の変動を鮮明にみるために，この図に示した諸地域に対象を限定した。これとは反対に，「アジア」地域については，地理的に近接しているだけでなく，その近接性にも起因して貿易関係を含むさまざまな経済的結びつきの強い地域であるため，特別に ASEAN 加盟国地域と中国のデータを別個に破線で示している。それでは，この図から日本の直接投資の動向に関してどのような傾向が読み取れるであろうか。

第 1 に，アジア，北米，欧州への投資額が，1990 年代末から 1 兆〜2 兆円の規模で順位を入替えながら拮抗してきたが，2000 年代半ばからいずれも増大の傾向を示し始め，世界金融危機の影響を受けながらも近年 4 兆〜7 兆円の規模にまで伸長してきていることである。現在，日本の直接投資の仕向け先は，主にこの 3 つの地理的カテゴリーに属する国々である。トップの投資先国は，北米の太宗を占めるアメリカである。ここで目を引くのは，2016 年に生じた

欧州への急激な投資増とそれと対照をなすようなアジアへの投資減である。2015年に比して，前者では3兆3千億円の増大，後者では2兆6千億円の減少が記録されている。前者については，ソフトバンク社による英国の半導体設計企業の買収が，後者についても同社によるシンガポール子会社からの約2兆4千億円に上る配当決定が要因になっていると考えられる[3]。図にも明らかなように，この年のASEAN諸国への投資は前年から約3兆円減少し，約4千3百億円の引揚げ超過（マイナス）が記録されている。

　第2に指摘できるのは，リーマンショックが発生するまでの2年間，北米と中南米で同調するような直接投資額の増大が生じていることである。ショック発生後の減退についても同様であるが，この一連の動きが，前節でみたこの時期の直接投資額の急増と急減に大きく寄与していたものと考えられる。北米への直接投資の増加は，そのほとんどがアメリカ向けのもので占められているが，産業部門としては複数に及んでいる。しかし，中南米への直接投資の動きについては，そのほとんどが租税回避地（タックス・ヘイブン）であるケイマン諸島に対するもので，産業部門としてもほぼ「金融・保険業」のみで生じている。中南米への直接投資については，この時期だけでなくほかの年もほぼ同様のことがいえるが，これに関しては次項および次節で詳しく検討する。これに関連して，中南米への直接投資額が近年1兆～3兆円の規模で推移していることも注目される。これは，日本との貿易上の結びつきが中南米よりはるかに強い大洋州への直接投資額が1兆円を下回っていることと対照的である。

　第3に指摘すべき点は，アジアのなかでの日本の直接投資額の構成である。中国において高度経済成長が続いていた2000年代でも，ASEAN加盟国への投資は中国のそれと拮抗する水準にあった。しかし，2013年を過ぎる頃よりASEANへの投資が中国へのそれを大きく上回るようになる。前で指摘した引揚げ超過が生じた2016年以外の年に中国への直接投資が1兆円を少し超えるほどであるのに対し，ASEAN諸国には2兆5千億円前後の直接投資が行われている。これは，中国の高度成長にともなう賃金水準の上昇に加えて，すでに

---

[3] 詳しくは，ジェトロ（日本貿易振興機構）『世界貿易投資報告 2017年版』34, 36ページを参照。

2000年代から顕著になってきていた中国国内における反日感情の高まり、とくに2010年前後に激化した尖閣列島問題をめぐる日中間の政治的摩擦などを回避するように生産拠点を中国以外にももとうとする「チャイナ・プラス・ワン」の動きが日系企業の間で進んだことが、少なからず影響を与えているものと考えられる。ASEAN加盟国は、このような生産拠点分散の動きの対象地となることが多く、そのことがネットの対中投資の停滞、対ASEAN加盟国投資の伸びとなって現われていると考えられる。

　ところで、ASEAN加盟国は10ヵ国あるが、それぞれの経済社会の多様性が生み出すダイナミズムは、今後も日本経済のグローバル化を考える際にカギとなる要因である。本書第1章を引用しながら本章の冒頭でも記した通り、グローバル化の動因となる海外進出企業の行動のうちの多くが、ASEAN加盟諸国でとりうる選択肢であるからである。日系金融機関も多く進出し円滑な資金調達の可能なシンガポール、人口が多く賃金水準も低いベトナムやミャンマー、人口大国であるだけでなく所得水準の上昇によっても市場が拡大を続けているインドネシア、輸送機器・電気機器を始めとする産業集積の進んだタイやマレーシアがこの地域の構成国となっている。シンガポールはまた「スマート・シティ」を標榜し、IoT、AI関連の技術開発とそのための人材確保にも熱心に取り組んでいる。ASEAN加盟国は、日本経済のグローバル化にとってプラットフォームとなりうる地域なのである[4]。

　次に、日本の直接投資によって発生する収益の動向について地域別に検討しよう。図8.6は、図8.5で挙げたのと同じ地域への直接投資によって発生した収益の動向を示している。

　この図から確認される最大の事実は、図8.5で示した北米、欧州、アジアという3つの直接投資の仕向先のうち、アジアで上がる収益が他の2つの地域を大きく上回っているということである。図からは、こうした傾向が2007年か

---

[4]　大泉啓一郎（2018）『新貿易立国論』（文春新書）では、日本企業が形成する「新しいグローバル・バリューチェーンのパートナーとしてASEANに注目し」（23ページ）、そこを拠点とした新しい「メイド・バイ・ジャパン」の貿易戦略を提唱している。

図 8.6 日本の地域別対外直接投資収益

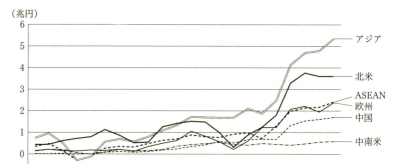

出所：図 8.4 に同じ。

らのものであり，世界金融危機時に北米，欧州で日本からの資本によって生み出される収益が数千億円規模で減退したのに対し，アジアで上がる収益はまったく減少することなく安定的に推移したことがわかる。直近の 2017 年には，日本からの直接投資は，アジアで欧州の 2 倍以上，北米のおよそ 1.5 倍に当たる収益を生み出しているのである。こうした傾向がもたらされている要因を分析することは興味深い。アジアに投下されてきた資本ストックが他地域に比して大きいか，そこで収益率が高くなるなんらかの要因がはたらいているかのいずれか，あるいは双方であろう。しかし，次節でみるように，米ドル評価された直接投資残高はアジアが突出して大きいということはない。より妥当なのは後者の要因である。考えられる要因は，賃金水準，環境規制，税率の相違といった企業収益に影響を及ぼす要因か，もしくは日本企業の進出部門の相違がもたらす収益率の差である。しかし，こうした課題は本章の目的を大きく超えることでもあるので，ここでは立ち入って議論しない。

2.2 地域別対外間接投資および同収益の変動

さて本項では，これまで直接取り上げてこなかった日本からの対外間接投資について地域別の動向を追うことにする。その動向に，日本経済のグローバル化に関連した傾向がみられるからである。そのグローバル化に関連する傾向とは，図 8.5 の直接投資の地域別動向について検討した際にもふれた中南米地域，

図 8.7 日本の地域別対外間接投資（フロー）

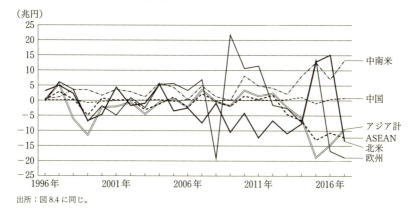

出所：図 8.4 に同じ。

図 8.8 日本の地域別対外間接投資収益

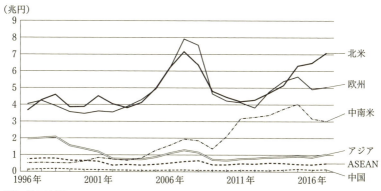

出所：図 8.4 に同じ。

特に租税回避地として名高いケイマン諸島への投資が示しているものである。

まず，図 8.7 をみてみよう。この図から第1にうかがえる事実は，欧州，北米においてそれぞれ観察されているように，短期間に数十兆円もの資金の流出入が生じているという事実のほかは，取り上げた直近20年余の期間において，アジア，北米，欧州とも多くの年数を引揚げ超過＝資産の減少の時期として過ごしてきているということである。間接投資を構成する項目は，「証券投資」，「金融派生商品」および「その他投資」である。このうち，上記3つの地域いずれにおいても，金融派生商品が大幅に引揚げ超過となっていることが，こうし

図 8.9 日本の対中南米投資

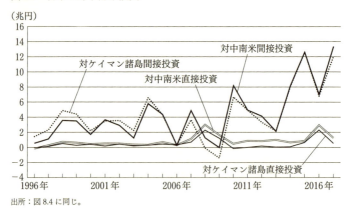

出所：図 8.4 に同じ。

図 8.10 日本の対中南米投資収益

出所：図 8.4 に同じ。

た事態をもたらしている。

　しかし，そのなかにあって，中南米地域に対してだけ当該期間23年間のほとんどで資産を積み増してきている。引揚げ超過になったのは2009年の1年だけであり，その額も168億ドルという小幅なものにとどまっている。近年の当該地域への投資額の増大は目覚ましく，直近では13兆円を超えている。しかも，2017年は他の主要地域すべてで10兆円規模の引揚げ超過となっているから，この突出ぶりは際立って映るのである。図8.8に示している間接投資からの収益についても，2000年代前半から増大し始め，直近ではアジア向け間

接投資収益の3倍にもなる3兆円が計上されている。これは，欧州や北米には大きく及ばないが，地域としては第3位の規模である。

そして，この中南米への日本からの間接投資のほとんどが，ケイマン諸島に向けられている。このことを，2つの図（図8.9，図8.10）で確認しておこう。

これらの図から，日本の中南米向け直接・間接投資，ならびにそれらの収益のいずれもが，そのほとんどをケイマン諸島向けによって構成されていることがわかる。念のために，当該期間のそれぞれの計数について中南米－ケイマン諸島間の相関係数をとってみたところ，直接投資，同収益，間接投資，同収益の順に，0.928，0.689，0.969，0.998となった。双方の間には，強い相関がみられるのである。

以上より，日本企業がケイマン諸島への「投資」を行うことによって，租税支払いを回避しようとする行動をとっていることが強くうかがわれる。これも，倫理的な是非はさておき，日本経済のグローバル化現象の一端といえる。

3　産業部門別・地域別対外直接投資残高および同収益の動向

前節では，日本から世界の主要地域向けにどれほどの規模の直接投資あるいは間接投資が行われているのか，あるいはそれら投資からもたらされる収益はどれほどかについて検討した。そこでは，各地域についてどのような産業部門からの投資が行われているかについては問題としなかった。本節では，世界金融危機以前の2005年から直近までの6年ごとのデータを用いて，日本から主要地域向けの直接投資残高が産業部門ごとにどのように変動してきたか，各地域への投資額がどのように産業部門別構成を変化させてきたか，あるいは各産業部門への投資額がどのように地域構成を変化させてきたかについて考察する。さらに，それらの直接投資がもたらす収益に関しても，直近のデータで産業部門別・地域別の特徴について考察する。

3.1　産業部門別・地域別対外直接投資残高の動向

日本からの直接投資の地域別残高は，2000年代半ば以降どのように産業部門間の内訳を変化させてきたのか。これについてまとめたのが，次の表8.1で

表 8.1　日本の地域別・業種別直接投資残高と国・地域ごとの産業部門別構成比

| | | 総額 | 製造業 | | 主要製造業部門 | | | | | | | | |
| | | | | | 輸送機器 | | 電気機器 | | 一般機器 | | 化学・医薬 | | 食料品 | |
		残高	残高	構成比	残高	構成比	残高	構成比	残高	構成比	残高	構成比	残高	構成比
2017年	合計	1,687.5	701.5	41.6	141.9	8.4	96.6	5.7	73.4	4.3	131.5	7.8	93.5	5.5
	アジア	471.4	260.7	55.3	60.8	12.9	48.0	10.2	28.9	6.1	33.2	7.0	16.5	3.5
	ASEAN	223.6	118.6	53.0	28.7	12.8	18.7	8.4	8.7	3.9	13.4	6.0	11.3	5.1
	中国	132.1	85.6	64.8	19.0	14.4	16.3	12.3	15.1	11.4	9.1	6.9	4.1	3.1
	北米	561.0	202.3	36.1	40.8	7.3	18.4	3.3	27.0	4.8	53.5	9.5	20.4	3.6
	中南米	114.4	31.6	27.6	11.6	10.1	2.2	1.9	1.0	0.9	1.8	1.6	3.9	3.4
	ケイマン諸島	41.6	1.4	3.4	0.0	0.0	0.0	0.0	0.1	0.2	0.0	0.0	0.0	0.0
	欧州	434.1	180.6	41.6	26.4	6.1	27.7	6.4	14.3	3.3	36.1	8.3	43.0	9.9
	大洋州	87.6	17.0	19.4	0.9	1.0	0.0	0.0	1.1	1.3	1.9	2.2	9.7	11.1
2011年	合計	748.3	358.9	48.0	70.1	9.4	62.9	8.4	29.9	4.3	74.7	10.0	46.5	6.2
	アジア	199.9	128.0	64.0	28.1	14.1	25.6	12.8	14.1	6.1	15.7	7.9	9.1	4.6
	ASEAN	86.1	53.3	61.9	12.3	14.3	9.1	10.6	4.9	3.9	6.2	7.2	5.9	6.9
	中国	64.7	48.0	74.2	11.5	17.8	10.1	15.6	6.6	11.4	4.7	7.3	2.7	4.2
	北米	222.0	99.5	44.8	18.5	8.3	19.3	8.7	9.4	4.8	32.1	14.5	3.2	1.4
	中南米	94.8	18.6	19.6	3.1	3.3	1.4	1.5	0.4	0.9	1.0	1.1	7.1	7.5
	ケイマン諸島	52.7	3.3	6.3	0.0	0.0	0.0	0.0	0.0	0.2	0.0	0.0	0.0	0.0
	欧州	179.2	95.6	53.3	18.7	10.4	16.6	9.3	5.9	3.3	22.4	12.5	18.6	10.4
	大洋州	42.0	12.7	30.2	0.8	1.9	0.0	0.0	0.1	1.3	0.7	1.7	8.5	20.2
2005年	合計	456.1	272.9	59.8	81.3	17.8	67.5	14.8	12.7	4.3	42.2	9.3	19.6	4.3
	アジア	103.6	73.1	70.6	14.2	13.7	19.3	18.6	4.9	6.1	12.1	11.7	4.6	4.4
	ASEAN	47.6	35.8	75.2	7.8	16.4	8.1	17.0	1.6	3.9	7.1	14.9	3.1	6.5
	中国	29.0	22.2	76.6	3.9	13.4	6.3	21.7	2.7	11.4	2.4	8.3	1.1	3.8
	北米	183.5	119.3	65.0	46.4	25.3	30.7	16.7	4.9	4.8	20.3	11.1	3.4	1.9
	中南米	38.8	9.7	25.0	5.9	15.2	0.4	1.0	0.1	0.0	0.5	1.3	1.3	3.4
	ケイマン諸島	21.2	0.5	2.4	0.0	0.0	0.0	0.0	0.0	0.2	0.0	0.0	0.0	0.0
	欧州	110.8	63.4	57.2	13.5	12.2	17.0	15.3	2.6	3.3	7.5	6.8	8.9	8.0
	大洋州	15.2	4.7	30.9	0.6	3.9	0.2	1.3	0.2	1.3	0.4	2.6	1.6	10.5

出所：図 8.4 に同じ。

ある。

　初めに，この表からうかがわれる全体的傾向について確認しておこう。まず指摘すべき事柄は，投資残高総額がこの12年の間に示している増大の傾向についてである。第1節で図8.3を用いながら述べたことであるが，2000年代半ば頃から日本の直接投資残高は急速に累積していく。表8.1で焦点を当てている時期は，まさにそうしたストック急増期に相当する。同表から明らかなように，直接投資残高は2005年当初には45兆6千億円であったものが直近では168兆7千億余となり，3.7倍にもなっている。これらの表では，2011年以降の増大がとくに激しく，わずか6年間で2倍以上の増加となっていることがわ

(単位：千億円，%)

非製造業		主要非製造業部門									
		金融・保険業		卸・小売業		通信業		サービス業		鉱業	
残高	構成比	残高	構成比	残高	構成比	残高	構成比	残高	構成比	残高	構成比
986.0	58.4	347.5	20.6	232.3	13.8	114.4	6.8	89.0	5.3	87.6	5.2
210.7	44.7	85.7	18.2	60.6	12.9	10.8	2.3	14.4	3.1	2.5	0.5
105.1	47.0	49.0	21.9	21.5	9.6	5.7	2.5	5.1	2.3	2.5	1.1
46.4	35.1	12.8	9.7	24.0	18.2	0.4	0.3	2.5	1.9	0.0	0.0
358.7	63.9	126.8	22.6	116.8	20.8	59.4	10.6	16.0	2.9	7.6	1.4
82.8	72.4	38.2	33.4	6.5	5.7	21.0	18.4	0.5	0.4	8.0	7.0
40.3	96.9	14.8	35.6	0.5	1.2	20.4	49.0	0.4	1.0	2.1	5.0
253.6	58.4	85.0	19.6	41.7	9.6	16.9	3.9	53.8	12.4	25.4	5.9
70.5	80.5	9.6	11.0	6.4	7.3	3.7	4.2	2.8	3.2	42.2	48.2
389.4	52.0	166.1	22.2	96.6	12.9	13.4	1.8	13.2	1.8	55.8	7.5
72.0	36.0	27.1	13.6	21.6	10.8	6.0	3.0	3.7	1.9	1.1	0.6
32.8	38.1	14.8	17.2	7.7	8.9	2.8	3.3	0.7	0.8	1.1	1.3
16.7	25.8	5.4	8.3	6.8	10.5	0.2	0.3	0.9	1.4	0.0	0.0
122.5	55.2	47.0	21.2	48.0	21.6	4.0	1.8	4.9	2.2	5.2	2.3
76.2	80.4	53.3	56.2	4.9	5.2	1.2	1.3	0.4	0.4	11.6	12.2
49.4	93.7	46.9	89.0	0.2	0.4	0.6	1.1	0.2	0.4	0.5	0.9
83.6	46.7	31.3	17.5	19.8	11.0	1.5	0.8	3.8	2.1	17.1	9.5
29.3	69.8	3.7	8.8	2.1	5.0	0.7	1.7	0.2	0.5	20.1	47.9
183.2	40.2	78.5	17.2	50.2	11.0	5.4	1.2	15.7	3.4	9.2	2.0
30.5	29.4	10.3	9.9	10.1	9.7	2.3	2.2	3.0	2.9	0.2	0.2
11.7	24.6	5.6	11.8	2.4	5.0	0.6	1.3	0.7	1.5	0.2	0.5
6.8	23.4	1.6	5.5	3.4	11.7	0.2	0.7	0.2	0.7	0.0	0.0
64.2	35.0	20.9	11.4	23.1	12.6	1.8	1.0	4.7	2.6	1.3	0.7
29.2	75.3	25.3	65.2	0.9	2.3	0.0	0.0	0.0	0.0	0.7	1.8
20.7	97.6	20.0	94.3	0.2	0.9	0.0	0.0	0.0	0.0	0.3	1.4
47.3	42.7	20.0	18.1	13.4	12.1	1.2	1.1	6.7	6.0	2.4	2.2
10.5	69.1	0.9	5.9	2.6	17.1	0.0	0.0	1.3	8.6	4.4	28.9

かる。

　次に指摘すべきは，そうした100兆円以上も残高を累積させた直接投資が，どのような産業部門で蓄積されてきたかに関する事柄である。第1に，大きく製造業部門と非製造業部門に分けてみると，製造業部門の構成比が大きく後退し，非製造業部門のそれが逆に大きく伸長していることが明らかである。2005年に製造業6：非製造業4であった両部門間の比率が，2017年にはそっくり逆転して製造業4：非製造業6となっている。投資残高総額の急増分の多くが，非製造業部門からの寄与によるものであったことになる。製造業の相対的な伸び悩み，落ち込みに関しては，輸送機器，電気機器部門が顕著で，それぞ

れ10％ポイント近くも構成比が低下している。一般機器の構成比はまったく変化がなく，化学・医薬部門は結果として1.5％ポイントの低下となっているが，2011年にはかえってわずかに比率を上げていた。食料品部門に関しては，12年間でわずかではあるが構成比を上昇させている。

これに対し，非製造業部門では，いずれの主要部門でも構成比の上昇がみられる。12年間で最大の上昇幅が通信部門の5.6％ポイントであるが，とくに直近6年間の伸びが著しいことが表8.1からわかる。これに続くのが金融・保険業部門の3.4，鉱業部門の3.2となっている。情報関係を押さえ，経済の金融化を先導し，資源確保に注力するという多国籍企業，グローバル化企業の姿が集合的に表われているといえる。

次いで，日本の直接投資残高が個別の主要地域でどのように産業部門別の構成を変化させてきたかについてみておこう。表8.1に挙げたすべての地域について，全体的傾向と同じく，構成比の製造業部門における減退と非製造業部門における上昇の傾向がみられる。こうした傾向が最も著しいのが北米地域で，30％ポイント近い構成比のシフトが生じている。同地域の製造業部門では輸送機器，電気機器部門の減退が激しく，12年の間に絶対額でも減少している。化学・医薬部門については，構成比こそわずかに低下しているものの，残高そのものは2.5倍ほど増加し5兆円を超える規模に達している点が注目される。非製造業部門では金融・保険，卸・小売，通信の主要3部門のいずれでも構成比が上昇している。

北米に次いで，製造業－非製造業部門間で大きなシフトが生じているのは欧州地域である。製造業部門では北米地域と同様，輸送機，電機の両部門で構成比が低下しているが，反対に化学・医薬，食料品の両部門では，残高，構成比ともに増加・上昇している。非製造業部門の構成の変化に関しては，北米地域とは対照的にサービス業，鉱業両部門における構成比の上昇が顕著である。

アジア地域においても，欧州とほぼ同じ幅の製造業－非製造業部門間シフトが生じているが，ここでは依然として5割以上の残高が製造業部門によって占められている。同部門では，横ばいの一般機械を除き，いずれの部門も残高を高めながらも構成比を落としているという特徴がある。非製造業では，金融・保険，卸・小売両部門の比率が上昇している。

中南米地域については，製造業－非製造業部門間のバランスにはほぼ変化がないが，非製造業部門で通信業部門が大きく伸びていることが目を引く。これは，ケイマン諸島で同部門に2兆円近い投資が蓄積された結果である。大洋州については，製造業部門全体では構成比が10％ポイント以上低下しているが，各主要部門の構成比にはいずれも大きな変動はみられない。非製造業部門では，卸・小売業部門で10％ポイント近い構成比の低下がみられる一方で，鉱業部門の残高が12年間でおよそ10倍化して4兆円の規模になり，構成比も20％ポイント近く上昇している。豪州が古くから日本にとって貴重な鉄鉱石供給地であることが要因になっているものと考えられる。

3.2　対外直接投資残高の産業部門ごとの地域別構成比の動向

　前項では，主要地域ごとにどのように産業部門別投資残高の構成比が変化してきたかを観察したが，ここではそれぞれの産業部門ごとに直接投資残高の地域別構成がどのように変化してきたかについてみることにしよう。これを示したのが，次の表8.2である。

　この表から読み取れる第1の事実は，直接投資残高の総額においてアジアの比率が高まり，北米の比率が低下している点である。直近でも依然として北米地域が3分の1ほどの比重を占めていて第1位であるが，アジア，欧州地域との差は縮小しており，ほぼこれら3地域がバランスしている状態といってよい。アジアは，12年の間に残高総額で5％ポイント以上比率を高めているが，製造業部門が10％ポイント以上の構成比の上昇となっているだけでなく，非製造業においても比重を高めていることが注目される。アジアの製造業部門の構成比は，北米のそれと地位が逆転し，他の地域を大きく引き離して第1位となっている。日本企業が輸送機，電機でアジア・シフトを強めてきた結果である。

　非製造業部門でもアジア地域は比重を高めているが，製造業との違いは北米地域の比重がほぼ横ばいとなっている点である。一方，中南米地域は2011年に比重が高まり，その後低下しているが，これにはケイマン諸島への投資の動向が少なからず影響している。個別の部門では，アジアが金融・保険業，卸・小売業部門で構成比を高める一方，通信では大きく減退しているのに対し，北米と中南米が比重を高めていることが目を引く。

表 8.2 日本の産業部門別直接投資残高の地域別構成比

		総額	製造業	主要製造業部門				
				輸送機器	電気機器	一般機器	化学・医薬	食料品
2017	合計	1,687.5	701.5	141.9	96.6	73.4	131.5	93.5
	アジア	27.9	37.2	42.9	49.7	39.4	25.2	17.7
	ASEAN	13.3	16.9	20.3	19.4	11.9	10.2	12.1
	中国	7.8	12.2	13.4	16.9	20.6	6.9	4.4
	北米	33.2	28.8	28.7	19.1	36.8	40.7	21.8
	中南米	6.8	4.5	8.2	2.3	1.4	1.4	4.2
	ケイマン諸島	2.5	0.2	0.0	0.0	0.1	0.0	0.0
	欧州	25.7	25.7	18.6	28.7	19.5	27.4	45.9
	大洋州	5.2	2.4	0.6	0.0	1.4	1.5	10.4
2011	合計	748.3	358.9	70.1	62.9	29.9	74.7	46.5
	アジア	26.7	35.7	40.1	40.6	47.2	21.0	19.6
	ASEAN	11.5	14.8	17.6	14.5	16.5	8.3	12.7
	中国	8.6	13.4	16.4	16.0	22.0	6.2	5.9
	北米	29.7	27.7	26.4	30.7	31.5	43.0	6.9
	中南米	12.7	5.2	4.4	2.2	1.4	1.3	15.2
	ケイマン諸島	7.0	0.9	0.0	0.0	0.0	0.0	0.0
	欧州	23.9	26.6	26.7	26.4	19.6	30.0	40.0
	大洋州	5.6	3.5	1.2	0.1	0.3	1.0	18.3
2005	合計	456.1	272.9	81.3	67.5	12.7	42.2	19.6
	アジア	22.7	26.8	17.5	28.6	38.5	28.6	23.3
	ASEAN	10.4	13.1	9.6	12.0	12.7	16.9	15.8
	中国	6.4	8.1	4.8	9.4	21.4	5.7	5.5
	北米	40.2	43.7	57.1	45.4	38.5	48.0	17.1
	中南米	8.5	3.5	7.3	0.6	1.2	1.2	6.6
	ケイマン諸島	4.7	0.2	0.0	0.0	0.0	0.0	0.0
	欧州	24.3	23.2	16.6	25.2	20.5	17.7	45.1
	大洋州	3.3	1.7	0.7	0.2	1.3	1.0	7.9

出所：図 8.4 に同じ。

直近の部門別構成比については，まず，製造業のなかでも輸送機，電機部門はアジア地域の比重が大きく，化学・医薬部門は8割近くが欧米に直接投資残高を有している。非製造業部門では，金融・保険業，卸・小売業，通信業という主要3部門で，アメリカでの残高の蓄積が際立っている。アジア地域も，この間の金融・保険業，卸・小売業両部門における残高増大の結果，これら2部門の構成比が4分の1以上を占めるに至っていることがわかる。

(単位：千億円，%)

非製造業	主要非製造業部門				
	金融・保険業	卸・小売業	通信業	サービス業	鉱業
986.0	347.5	232.3	114.4	89.0	87.6
21.4	24.7	26.1	9.4	16.1	2.9
10.7	14.1	9.2	5.0	5.8	2.8
4.7	3.7	10.3	0.3	2.8	0.0
36.4	36.5	50.3	51.9	18.0	8.6
8.4	11.0	2.8	18.3	0.6	9.1
4.1	4.3	0.2	17.8	0.4	2.4
25.7	24.5	18.0	14.8	60.4	29.1
7.2	2.8	2.7	3.2	3.2	48.2
389.4	166.1	96.6	13.4	13.2	55.8
18.5	16.3	22.4	45.0	6.6	2.0
8.4	8.9	7.9	20.7	1.3	1.9
4.3	3.3	7.1	1.3	1.6	0.0
31.5	28.3	49.7	29.6	8.9	9.3
19.6	32.1	5.0	8.9	0.8	20.9
12.7	28.3	0.2	4.6	0.3	1.0
21.5	18.9	20.5	11.1	6.8	30.6
7.5	2.2	2.2	5.3	0.4	36.0
183.2	78.5	50.2	5.4	15.7	9.2
16.6	13.2	20.1	43.5	19.3	1.8
6.4	7.1	4.8	10.7	4.5	1.7
3.7	2.1	6.8	3.9	1.3	0.1
35.1	26.6	46.1	34.2	30.0	14.5
15.9	32.2	1.8	0.0	0.2	7.8
11.3	25.4	0.4	0.0	0.0	3.1
25.8	25.5	26.7	22.2	42.3	26.3
5.7	1.2	5.1	0.0	8.1	48.0

3.3 地域別・産業部門別対外直接投資収益の動向

　最後に，前節でみたように蓄積されてきた日本から諸外国・地域への投資が，どれほどの収益を生み出しているかについてみておこう。ここで使用するデータは，日本銀行によって2014年以降のものしか公表されておらず，その2014年のデータと直近の2017年のそれとを比較してみても大きな変化は見受けられないため，本項では，直近の投資収益データが示す地域別・産業部門別構成の特徴のみ観察することとする。

表 8.3　日本の地域別・産業部門別直接投資収益と国・地域ごとの産業部門別構成比

		総額	製造業		主要製造業部門									
					輸送機器		電気機器		一般機器		化学・医薬		食料品	
		収益額	収益額	構成比	収益額	構成比	収益額	構成比	収益額	構成比	収益額	構成比	収益額	構成比
	合計	127.8	64.0	50.1	20.1	15.7	10.2	8.0	7.1	5.6	10.9	8.5	3.1	2.4
2017年	アジア	53.5	35.3	66.0	13.7	25.6	6.8	12.7	4.2	7.9	3.8	7.1	1.4	2.6
	ASEAN	24.1	15.8	65.6	7.1	29.5	2.4	10.0	1.2	5.0	1.6	6.6	1.0	4.1
	中国	17.0	12.1	71.2	4.6	27.1	2.1	12.4	2.5	14.7	0.8	4.7	0.4	2.4
	北米	36.1	17.5	48.5	5.5	15.2	1.3	3.6	2.2	6.1	3.2	8.9	1.0	2.8
	中南米	5.8	0.5	8.6	0.1	1.7	0.0	0.0	0.0	0.0	0.1	1.7	0.2	3.4
	ケイマン諸島	4.1	0.2	4.9	0.0	n.a.	0.0	0.0	0.0	0.0	0.0	0.0	0.0	0.0
	欧州	23.8	9.3	39.1	0.5	2.1	2.1	8.8	0.7	2.9	3.4	14.3	0.2	0.8
	大洋州	6.4	0.6	9.4	0.1	1.6	0.0	0.0	0.0	0.0	0.0	0.0	0.4	6.3

出所：図 8.4 に同じ。

表 8.4　日本の業種別直接投資収益の地域別構成比

		総額	製造業	主要製造業部門				
				輸送機器	電気機器	一般機器	化学・医薬	食料品
	合計	127.8	64.0	20.1	10.2	7.1	10.9	3.1
2017年	アジア	41.8	55.2	68.3	66.0	59.0	34.4	45.3
	ASEAN	18.8	24.6	35.5	23.0	16.6	14.8	32.7
	中国	13.3	18.8	22.8	20.7	35.2	7.7	11.5
	北米	28.2	27.3	27.4	13.0	31.0	29.5	31.1
	中南米	4.6	0.8	0.3	−0.2	−0.1	0.8	6.3
	ケイマン諸島	3.2	0.3	n.a.	0.0	0.3	0.0	0.0
	欧州	18.6	14.5	2.5	20.9	9.6	30.9	5.7
	大洋州	5.0	1.0	0.7	0.3	0.2	−0.4	11.5

出所：図 8.4 に同じ。

　表 8.3 からは，日本からアジアへの直接投資が生み出す収益のうち，およそ 3 分の 2 が製造業からのものであり，とくに機器 3 部門の比重が高く 46％を超えていることがわかる。この収益の比率は，直接投資残高のそれよりも 10％ポイント以上高くなっている。北米地域も，直接投資残高における製造業部門の構成比が近年低下し 36％ほどになっている（表 8.2）にもかかわらず，収益の方は 50％近い比重を示していることが注目される。日本の直接投資は，製造業部門においてより高い収益率を示しているのである。したがって，直接投資残高の比率が製造業 4：非製造業 6 であるにもかかわらず，収益は総額でほぼバランスしている状態となっている。

（単位：千億円，%）

非製造業		主要非製造業部門									
		金融・保険業		卸・小売業		通信業		サービス業		鉱業	
収益額	構成比	収益額	構成比	収益額	構成比	収益額	構成比	収益額	構成比	収益額	構成比
63.7	49.8	19.5	15.3	24.3	19.0	2.9	2.3	4.7	3.7	4.6	3.6
18.1	33.8	4.5	8.4	9.7	18.1	0.3	0.6	0.8	1.5	0.0	0.0
8.3	34.4	2.4	10.0	3.4	14.1	0.2	0.8	0.2	0.8	0.1	0.4
4.9	28.8	0.8	4.7	3.7	21.8	0.0	0.0	0.2	1.2	0.0	0.0
18.6	51.5	9.0	24.9	6.9	19.1	−0.1	−0.3	2.1	5.8	−0.7	−1.9
5.3	91.4	0.9	15.5	0.4	6.9	2.6	44.8	0.1	1.7	0.3	5.2
3.9	95.1	0.4	9.8	0.0	0.0	0.0	n.a.	0.1	2.4	0.7	17.1
14.5	60.9	4.1	17.2	5.5	23.1	0.1	0.4	1.6	6.7	1.0	4.2
5.8	90.6	0.1	1.6	0.0	0.0	0.0	0.0	0.1	1.6	3.8	59.4

（単位：千億円，%）

非製造業	主要非製造業部門				
	金融・保険業	卸・小売業	通信業	サービス業	鉱業
63.7	19.5	24.3	2.9	4.7	4.6
28.5	23.0	40.1	11.3	16.7	1.1
13.0	12.5	14.0	6.0	3.7	1.1
7.7	4.1	15.3	1.3	4.5	0.1
29.2	46.3	28.4	−2.7	44.4	−14.6
8.4	4.7	1.8	89.5	1.7	6.1
6.1	2.1	0.1	n.a.	1.2	15.1
22.8	21.3	22.6	2.1	34.5	22.5
9.0	0.7	0.1	0.4	2.4	82.7

　表8.4からは，アジアへの投資が生み出す収益が全地域からの投資収益の4割を超えていることがわかるが，これは直接投資残高でアジアが示している27.9%という比重（表8.2）を大きく上回っている。特に製造業部門では55.2%となっており，日本の海外進出製造業はその収益の半分以上をアジアで生み出していることになる。その製造業の各部門では，機器3部門のアジアにおける収益が圧倒的比率を占めていることがこの表より明らかである。非製造業部門では，アジア，北米，欧州各地域のバランスが製造業部門に比してとれているが，主要各部門をみると地域的な偏重が顕著にうかがえる。アジアは卸・小売業で強く，北米への直接投資は金融・保険業，サービス業で多くの収益をもた

らしていることがわかる。とくに産業部門別収益のうち圧倒的な構成比を示している地域は，大洋州の鉱業部門と中南米の通信業部門である。いずれも8割を超えているが，とくに後者は9割近くを占めている。しかし，ここで用いたデータでは，これがケイマン諸島で得られた収益であるか否かは不明である。

むすびにかえて

　以上，日本企業の直接投資に焦点を当てて，その海外展開をいくつかのデータを用いて観察してきた。諸外国での累積的な直接投資残高の増大，「再投資収益」の絶対額と直接投資収益全体に占める比率の高さ，アジアでの製造業投資の累積と同部門からもたらされる収益の構成比の高さ，欧米地域での化学・医薬部門の構成比の高さ，北米地域での非製造業主要3部門のプレゼンスの高さなど，日本型の直接投資が近年示しているいくつかの際立った特徴を指摘することができた。それらの特徴から，日本経済のグローバル化の様相の一端を垣間見ることができたのではないかと思う。最後に，本章でその一端を描いたようなグローバル化の最中にある日本経済の今後の針路を考える際，どのような視点が大切かについて考えてみたいと思う。

　第1に，本章で日本の国内民間設備投資が長期的に低迷していると指摘したこととも関連するが，その要因をつぶさに分析することが大切だと思う。日本企業は，日本国内に投資した際の収益と海外に投資した際の収益を比較考量してどこで投資を行うかを決定する。私たちは，知らず知らずのうちにその日本企業の行動だけに日本国内における投資の実現を期待し過ぎているのではないか。少なからぬ規模の小さい個別事業者，あるいは潜在的事業者が日本国内での投資機会をうかがっていることと思う。そうした芽を金融機関や政府，あるいは社会全体が敏感に感じとり大切にするということが，これからはより一層求められるのではないだろうか。小さくても魅力的で，しかも収益性も相応に見込めるという投資の芽を敏感にみつけ，大切に育てていく風土が，高率の経済成長を見通せない日本にあってより重要になってくる。

　第2に重要だと考えるのは，日本企業が直接投資を行う国の経済や社会について，私たちがどのような考えをもつかという視点である。実際，進出先現地

に派遣されて働いている人々は，現地の社会，現地の人々をパートナーと考えたり，部下や後輩と思ったり，お客様として遇したりする。しかし，それだけで終わってよい関係であろうか。友人，あるいは隣人として対等につき合うことが大切だというありきたりなことをいいたいのではない。折角の出会いの機会である。目にみえる生活・習慣や宗教・文化だけでなく，ものの見方考え方の「違い」から，互いにもっと学ぶことを大切にしてもいいのではないか。それは，差し当たり各々の国の経済に対する考え方であってもいい。違いを邪魔だと思わず，自分の目的遂行の阻害要因とだけ思わず，その違いの質や由来についてじっくり考えることが大切だと思う。そうした営みのなかから，より深い個人的関係ばかりでなく，日本と現地社会双方のためになる新たな経済的関係も生まれてくるのではないだろうか。日本企業側の価値基準ばかりでなく，現地社会にとって何が本当に大切なのか，何が真に求められているのかという基準，さらには当事国・当事者同士の関係が他国・他者に及ぼす影響まで考慮する基準が，直接投資の決定の際に重視されるべきである。

　以上のようなことが，均質なグローバル化を相対化して，他にない日本という自分たちの経済・社会を大切にする一つの姿勢だと思う。

コラム　東南アジアの田舎にみる日本経済のグローバル化

林田秀樹

　大きな荷台を上下2層に分けてバイクを積んだトラックが，スピードを上げて内陸部方面に向かって走っていく。少なくとも20台は積まれている。そんな光景を何度見たことかわからない。場所は，インドネシア西カリマンタン州のランダック県，サンガウ県辺り。州都ポンティアナックから車で東に4〜5時間くらいのところだからすでに結構な内陸部なのだが，バイクを積んだトラックはさらに内陸部に向かっていく。幹線道路の周囲にはアブラヤシ農園が広がっていて，少し繁華な市街地に出ても目につくのは商店や飲食店，バスターミナルくらいである。私たちがイメージする「製造業」は，ほとんど見当たらない。私の目的は，そのような「田舎」でアブラヤシ農園がどのようにして広がってきたか，どのように運営されているかを調べることである。

　アブラヤシは，世界で最もたくさんつくられている植物油・パーム油の原料である。農園造成のために貴重な熱帯林が破壊されているとして，アブラヤシ・パーム油の生産者に対する自然保護団体等からの風当たりはきつい。しかしそれでも，アジアの新興国・途上国を中心に世界中でパーム油が売れているから，生産者の所得は上がる。農園企業は得られた利潤を事業の拡張や多角化に用いるのかもしれないが，アブラヤシを栽培する小規模農家は収益を再投資に回すほかに，家を新築したり，子供を私立の全寮制学校に入れたり，耐久消費財を買ったりすることに使う。そこで真っ先に求められるのが，バイクなのである。筆者が現地で聞取りした限りでは，家族の人数分だけバイクを所有しているアブラヤシ農家も少なくなかった。全員分でなくても，必ず複数台は所有しているとのことであった。公共交通機関がほとんどなく，家と農園，家と学校の間の距離が遠く離れている当地では，比較的安価な移動手段であるバイクは生活に欠かせないものとなっている。そして，そのバイクはほとんど全てが日本企業製である。2017年，日本国内では30数万台しか需要がなかったバイクも，インドネシアでは600万台近く売れたという。

　東南アジアではほかの国でも都市部の道路はバイクで溢れているが，内陸部の農村にも同じような現象が押し寄せている。農畜産物加工以外の製造業はほとんどないさらなる内陸部に向かうトラックは，誰が発注したバイクを届けに行くのか。自然を大きく変えて得られた農民たちの所得に命運を託している日本企業の姿が垣間見える。

索　引

あ行

アジア通貨危機　169
ASEAN加盟国　171, 172, 173
アベノミクス　45, 62, 74, 129
異次元の金融緩和（政策）　46, 129, 132
1億総活躍社会　58
インフレーション　143
　　マイルド――　143
失われた20年　55
営業利益　42

か行

外国投資　16
格差問題　58
家計貯蓄　13
貸付資本　15, 16
過剰貯蓄　14
過剰流動性　130
株価　19, 21
株式資本　166
株式の相互持合い　115
貨幣賃金率　143
過労死ライン　48, 102
官製春闘　111
企業貯蓄　→利潤
基礎的財政収支　136
期待成長率　39
期待物価上昇率　130
キャッシュフロー　37
キャピタルゲイン　16
強制された自発性　99
寄与度　150

金融緩和　19, 21
金融危機　127
金融資産　53, 54, 66, 69, 71, 74, 75
金融シフト　54
金融の肥大化　17, 57
金融抑圧政策　131
グローバル化　163
　　経済の――　163
　　日本経済の――　163
経常利益　42
ケイマン諸島　172, 175
後期高齢者　153
合成の誤謬　36
高度プロフェッショナル制度　47, 81, 105
高齢化　123, 125
国債価格の暴落　134
国債管理政策　129
国内民間設備投資　166, 186
コスト削減意識　115
国家債務問題　129
固定費　30
雇用ポートフォリオ　114
　　――戦略　114
コンプライアンス（法令等遵守）　11

さ行

在庫投資　13
財政運営戦略　136
財政健全化政策　129
最低賃金制　145
再投資収益　167, 168
裁量労働制　47, 81
サービス残業　105

サブプライムローン問題　53, 54, 55
産業資本　15
GDP　85
　　国民1人当たり——GDP
　　——デフレーター　143
自営業　117
資金不足　13, 14
資金余剰　13, 14
資産買い取り基金　62
資産格差　58
資産継承　76
資産残高　14, 16, 17
自然利子率　22
ジニ係数　59, 60, 119, 120, 121, 123, 125
シャウプ税制　149
社会保障　151
　　——給付費　151
　　——と税の一体改革　136
収益の再投資　164, 166
需要不足　15, 21, 22
所得格差　58
所得政策　145
所得分布　118, 122
人件費削減　115
　　——競争　116, 117, 125
人口増加率　22
新時代の「日本的経営」　28, 90
新自由主義政策　59
垂直的公平　148
水平的公平　148
スーパースターの理論　72
スマート・シティ　173
成果主義　37
生産性　84
生産年齢人口　165
製造業部門　179, 181
税増収にかんするガイドライン　146
税の自然増　141

税引前純利益　50
世界金融危機　169
石油ショック　35
世帯所得　→所得分布
世帯の単身化　155
設備投資　11, 13
ゼロ金利政策　55
総所得　122, 125, 126, 127
相対的貧困率　71
租税回避地　172, 175
損益分岐点　32
　　——比率　33

た行

対外間接投資　174
　　地域別——　174
　　——収益　175
対外純資産　17
対外直接投資　20, 164
　　地域別——　170
　　——残高　177, 181, 184
　　——収益　174, 183
　　——累積額　168
対外投資収益　169
大競争時代　27
多国籍企業　19
タックス・ヘイブン　172
団塊の世代　153
短期金利　130
単身世帯　125
チャイナ・プラス・ワン　173
中間層　127
中長期の経済財政に関する試算　137
超過準備金　130
長期金利　130
長期停滞　22, 23
長期不況　11, 13, 22, 125
直間比率の是正　148

索　引　191

直接投資　14, 17, 20
　　——収益　168
低所得化　123, 127
ディーセントワーク　103
出口　132
　　——戦略　132
　　——問題　132
デフレーション（デフレ）　21, 55, 165
　　——からの脱却　129
当座預金口座　130
投機資本　16
トリクルダウン理論　73

な行

内部留保　43, 63, 65, 77, 87
日本銀行（日銀）　129
　　——の国債直接引き受け　135
　　——のバランスシート　134
年金積立金管理運用独立行政法人（GPIF）
　　66
年次改革要望書，アメリカ政府の　94

は行

働き方改革　47, 58
　　——関連法案　81
　　——実行計画　82
バブル経済　26
非正規雇用（非正規労働者）　28, 64, 71, 75,
　　112, 113, 114, 145
非製造業部門　179, 181
貧困（者）層　71, 159
付加価値　85
負債性資本　166

双子の赤字　26
富裕税　59
扶養率　154
プラザ合意　26
ブラック企業　103
付利　130
平成不況　165
包括的金融緩和政策　62
包括的成長　53
法人企業統計　27

ま行

毎月勤労統計調査　92
マイナス金利　62, 66, 74
マネタリスト　64
3つの過剰　27
みなし労働時間制　103
目標貨幣賃金率上昇率　146
もの言う株主　115

ら行

利潤　11, 12
　　——率　13
リフレ派　63, 64
リーマンショック　53, 54, 55, 165
量的金融緩和　55
レーガノミックス　25
労働時間概念　100
労働生産性　46, 84
　　——上昇率　143
労働分配率　64, 75, 77, 143
労働力調査　92

著者紹介（五十音順）

きくもとよしはる
菊本義治　1941年生まれ，兵庫県立大学名誉教授　はじめに・第1章

さいとうりゅうじ
齋藤立滋　1972年生まれ，大阪産業大学経済学部准教授　第7章

ながしまかつひろ
長島勝廣　1941年生まれ，日本興業銀行などを経て大阪経済大学経済学部教授（2006〜2012年）
　　　　　第3章

はやしだひでき
林田秀樹　1966年生まれ，同志社大学人文科学研究所准教授　第8章

ほんだゆたか
本田　豊　1951年生まれ，立命館大学名誉教授　第6章

まつうらあきら
松浦　章　1951年生まれ，損害保険会社を経て兵庫県立大学客員研究員　第4章

まみやけんいち
間宮賢一　1954年生まれ，松山大学経済学部教授　第2章

やまぐちまさお
山口雅生　1976年生まれ，愛知県立大学外国語学部准教授　はじめに・第1章・第5章

日本経済の長期停滞をどう視るか
2019年9月12日　初　版

著　者　菊本義治＋齋藤立滋＋長島勝廣＋
　　　　林田秀樹＋本田　豊＋松浦　章＋
　　　　間宮賢一＋山口雅生
装幀者　加藤昌子
発行者　桜井　香
発行所　株式会社 桜井書店
　　　　東京都文京区本郷1丁目5-17 三洋ビル16
　　　　〒113-0033
　　　　電話（03）5803-7353
　　　　FAX（03）5803-7356
　　　　http://www.sakurai-shoten.com/
印刷・製本　株式会社 三陽社

© 2019 Yoshiharu KIKUMOTO et al.

定価はカバー等に表示してあります。
本書の無断複製（コピー）は著作権上
での例外を除き，禁じられています。
落丁本・乱丁本はお取り替えします。

ISBN978-4-905261-42-1 Printed in Japan

グローバル化時代の日本経済

菊本義治・西山博幸・本田 豊・山口雅生＝著

グローバル化のもとで変容する日本経済と国民生活，
その現状，推移，これからの課題を読み解く！

A5判上製・2600円＋税

グローバル化経済の構図と矛盾

菊本義治・西山博幸・伊藤国彦・藤原忠毅・齋藤立滋・山口雅生・友野哲彦＝著

世界経済システムとしてのアメリカン・グローバリズム
その実態を〈貿易決済メカニズム〉と〈利潤率決定要因〉
に着目して解明する現代資本主義論！

A5判上製・2700円＋税

日本経済がわかる経済学

菊本義治・宮本順介・本田 豊・間宮賢一・安田俊一・伊藤国彦・阿部太郎＝著

現実の日本経済を理解するうえで，現在の経済理論は
どれだけ有効か。経済学を役立てるとは。──新しい
スタイルの経済学入門！

A5判上製・2800円＋税

桜井書店
http://www.sakurai-shoten.com/